劳动关系协调员
（四级）

中国就业培训技术指导中心　组织编写

中国劳动社会保障出版社

图书在版编目(CIP)数据

劳动关系协调员：四级/中国就业培训技术指导中心组织编写. -- 北京：中国劳动社会保障出版社，2020

ISBN 978-7-5167-4823-7

Ⅰ.①劳… Ⅱ.①中… Ⅲ.①劳动关系-中国-职业培训-教材 Ⅳ.①F249.26

中国版本图书馆 CIP 数据核字(2020)第 245104 号

中国劳动社会保障出版社出版发行

（北京市惠新东街 1 号　邮政编码：100029）

*

北京市艺辉印刷有限公司印刷装订　新华书店经销

787 毫米×1092 毫米　16 开本　13.75 印张　173 千字

2020 年 12 月第 1 版　2022 年 12 月第 6 次印刷

定价：45.00 元

营销中心电话：400-606-6496

出版社网址：http://www.class.com.cn

编审委员会

主　任　聂生奎　刘　康　郑东亮

委　员　葛恒双　徐　艳　唐　镰　刘　燕　王文珍
曹可安　阴漫雪　黄　昆　陈玉杰　郑海涛
仲艳平

本书编写人员

主　编　郑东亮　唐　镰

副主编　徐　艳　汪　鑫

编　者　王冠迪　刘　兰　刘　江　刘　海　卢衍江
李　桃　李　潇　李劭劼　朱明伟　陈玉杰
冷宜臻　汪　鑫　郑东亮　郑海涛　周亚颖
赵　楠　徐　艳　嵇月婷　童　欣　焦　杨
雷晓天

出版前言

为促进和谐劳动关系建设，培养专业化、高素质的劳动关系协调员队伍，推动劳动关系协调员职业培训和职业技能等级认定工作的开展，我们组织国内高等院校、科研机构和企业界的有关专家，根据新修订的《劳动关系协调员国家职业技能标准（2019 年版）》（以下简称《标准》），编写了劳动关系协调员职业技能等级认定培训教程（以下简称教程）。

教程以《标准》为依据，突出“以职业活动为导向，以职业能力为核心”的指导思想。在结构上针对我国劳动关系协调工作的职业活动领域，按照模块化的方式进行编写，包括《劳动关系协调员（基础知识）》《劳动关系协调员（四级）》《劳动关系协调员（三级）》《劳动关系协调员（二级）》《劳动关系协调员（一级）》《劳动关系协调员（常用法律手册）》。教程体现了理论性和实践性的统一、系统性和实用性的统一。在介绍相关理论知识的同时，立足于我国劳动关系协调工作的实际，通过“复习思考题”及“案例分析题”引导读者思考实际问题，提高解决问题的能力。在兼顾教程系统性和整体性的同时，通过“延伸阅读”拓宽读者的知识面。本套教程的适用对象为企业、工会和政府部门等从事劳动关系协调工作的人员，以及大中专院校学生，并适用于劳动关系协调员的相关技能培训，是职业技能等级认定的推荐辅导用书。

教程由中国劳动和社会保障科学研究院党委书记、副院长郑东亮及中国人民大学劳动人事学院教授唐鑛任主编，中国劳动和社会保障科学研究院职业与技能研究室主任徐艳、汪鑫博士任副主编。参与编写和审稿工作的人员有：王冠迪、刘兰、刘江、刘海、卢衍江、李桃、李潇、李劭劼、朱明伟、陈玉杰、冷宜臻、汪鑫、郑东亮、郑海涛、周亚颖、赵楠、徐艳、嵇月婷、童欣、焦杨、雷晓天等。此外，刘福平、孙瑜香、赵碧倩、王茹茵、刘亚萱、刘灏、赵梓瑾、徐小雯、康岱哲等也参加了《劳动关系协调员（常用法律手册）》的编写和审稿工作。汪鑫和陈玉杰负责全套教程的统稿和校稿工作。

尽管秉承严谨规范的态度，但由于认知水平有限，本套教程难免存在一些不足之处，希望读者和学界同仁批评指正，来信请发至邮箱 calsszys@ 163.com。在此感谢中国劳动社会保障出版社为教程的出版所做的努力和辛苦付出！

郑东亮

2020 年 9 月

目　　录

第一章　劳动标准管理

学习目标

1. 掌握劳动标准的概念和分类，了解劳动标准的表现形式，掌握劳动基准的概念。

2. 熟悉收集劳动标准的途径，熟悉整理劳动标准的方法，了解汇编劳动标准的形式。

3. 掌握工资、工时、劳动保护等国家劳动标准的内容，熟悉企业劳动标准的内容。

4. 了解企业劳动标准的实施原则。

5. 掌握不同层次劳动标准的效力，熟悉劳动基准的效力和功能。

6. 了解劳动标准宣传的对象和内容，熟悉劳动标准宣传的方式技巧，了解劳动标准宣传的效果评估。

第一节　劳动标准信息收集

知识要求

一、劳动标准的概念

劳动标准是指对劳动领域内的重复性事物、概念和行为进行规范，以定性形式或定量形式所做出的统一规定。所谓“重复性”，是指同一事物、概念和行为反复多次出现的性质，比如任何劳动者进行同类劳动都需要具备相应的劳动能力和技能水平；又如流水线作业的劳动者重复从事同一项劳动；再如所有劳动者与用人单位建立劳动关系，其程序都是重复出现等。劳动标准就是对这些重复出现的事物、概念和行为，找出其规律性并做出的统一规定。它以涉及劳动领域的自然科学、社会科学和实践经验的综合成果为基础，经有关方面协商一致并决定，或由有关方面批准，以多种形式发布，作为共同遵守的准则和依据。

二、劳动标准的分类

（一）按照内容划分

按照内容划分，劳动标准可以分为工作时间标准、劳动定员定额标准、职业培训标准、工资标准、职工福利待遇标准、职工休假标准、未成年工保护标准、女职工特殊保护标准、社会保险标准（养老保险标准、医疗保险标准、失业保险标准、生育保险标准、工伤保险标准）、劳动安全卫生标准等。

（二）按照适用范围划分

按照适用范围划分，劳动标准可以分为国家劳动标准、行业劳动标准和地方劳动标准、企业劳动标准。国家劳动标准是指由国家立法机关、国家劳动行政部门和国家标准化机构通过法定或行政程序制定、发布的在全国范围内适用的劳动标准。行业劳动标准是指由国务院有关主管部门制定、发布的在全国某行业范围内适用的劳动标准，在相应的国家强制性标准实施后行业劳动标准便自行废止。地方劳动标准是指由各级地方立法机构和地方政府以及地方标准化机构制定、发布的在该地区内适用的劳动标准。企业劳动标准是指本企业发布的在本企业内适用的多种形式的劳动标准。

（三）按照形式划分

按照形式划分，劳动标准可以分为法规类劳动标准、技术类劳动标准和规范类劳动标准。法规类劳动标准是指劳动法律、法规中有量化规定和具体程序规定的部分，如《劳动法》中关于支付加班工资不低于工资的150%、休息日工作又不能补休的支付不低于工资的200%、法定休假日工作支付不低于工资的300%报酬的规定，即属于量化规定的劳动标准；而《劳动合同法》中关于建立劳动关系应当订立书面劳动合同的规定，则属于具体程序规定的劳动标准。法规类劳动标准也称劳动基准或基本劳动标准。法规类劳动标准因各国集体协商和集体合同制度的覆盖范围和发挥作用的不同，其重要性有所不同。技术类劳动标准是指采用科学技术测定等方式方法制定的劳动标准，如劳动强度分级标准、粉尘分级标准、噪声与振动控制标准等，这些标准均由国家或行业标准化机构制定和发布。规范类劳动标准是指劳动关系双方协商达成或由企业方规定的有关劳动领域重复性事物、行为的统一规定，如岗位工作标准、员工绩效考核标准等。

（四）按照强制执行效力划分

按照强制执行效力划分，劳动标准可以分为强制性劳动标准、指导性劳动标准和约束性劳动标准。强制性劳动标准是指劳动法律、法规和其他规范性文件中规定的劳动标准，具有强制性和普遍适用性，国家标准化机构批准的要求强制执行的劳动安全卫生标准等也属于此类劳动标准。指导性劳动标准是政府发布的有关劳动标准的政策性文件和标准化机构发布的推荐性标准，没有强制性，只是提倡、鼓励有关方面执行，具有指导作用。各地方政府劳动行政部门每年定期公布的工资指导线就是典型的指导性劳动标准。约束性劳动标准是指适用于特定单位及其劳动者的用人单位内部劳动标准，只在本单位内部具有约束性，如企业规章制度中的有关劳动标准、企业集体合同中的有关劳动标准。

三、劳动标准的表现形式

劳动标准的表现形式是指由不同机构制定、认可或变动的，具有不同效力或地位的劳动标准所表现出来的规范性文件形式。

从发布劳动标准的规范性文件的形式来看，劳动标准包括：规范性法律文件规定的劳动标准，即国家法律、行政法规、地方性法规、自治条例和单行条例、规章以及其他规范性法律文件中规定的劳动标准；各级标准化委员会制定颁布的劳动标准；行业性组织制定颁布的劳动标准；区域性、行业性集体合同确定的劳动标准。

四、劳动基准的概念

劳动基准指的是国家站在保障劳动者权益和促进劳动关系稳定和谐的立场上，对劳动者在职业劳动中应该享受或获取的利益确立一个最低标准并强制予以推行的劳动法律机制，具有法定性、保底性、强制性等特点。其主要内容包括最低工资标准、最长工作时间标准、特殊劳动保护标准、基本社会保险标准、劳动报酬和福利标准、劳动安全卫生标准等。

“劳动基准”一词的理解和使用，有广义、中义、狭义三种。广义的劳动基准泛指劳动法领域的所有强制性规定，既包括法律对劳动关系当事人之间实体权利义务（劳动条件）的强制性规范，也包括法律对劳动关系运行规则的强制性要求，还包括法律对劳动力市场管理的强制性规定；中义的劳动基准包括法律对劳动关系当事人之间实体权利义务（劳动条件）的强制性规范和对个别劳动关系运行规则的强制性要求；狭义的劳动基准仅指法律对劳动关系当事人之间实体权利义务关系的强制性干预，即劳动条件基准。与劳动标准的概念内涵相一致，本教程所使用的“劳动基准”是狭义的劳动基准概念。

技能要求

一、收集劳动标准的途径

收集劳动标准的途径包括查阅法律法规汇编、劳动标准汇编、法律法规单行本、政府公告和报纸、杂志以及通过网络查找。

1. 法律法规汇编

查阅法律法规汇编是收集劳动标准的重要途径之一。作为劳动标准核心内容的劳动法律法规，一般都收集在法律法规汇编中。法律法规汇编既包括综合性的法律法规汇编（如《中华人民共和国法律法规汇编》[①]），也包括劳动法方面的法律法规汇编。

2. 劳动标准汇编

劳动标准汇编特别是行业标准和技术标准汇编，也是劳动标准的重要收集途径。如劳动安全行业标准汇编、劳动安全国家标准汇编、劳动卫生国家标准汇编、强制性国家标准汇编等。

3. 法律法规单行本

例如，《中华人民共和国劳动法》《中华人民共和国劳动合同法》《中华人民共和国工会法》《中华人民共和国安全生产法》《中华人民共和国矿山安全法》《中华人民共和国职业病防治法》《中华人民共和国就业促进法》《中华人民共和国劳动争议调解仲裁法》，以及《劳动保障监察条例》《工伤保险条例》《社会保险费征缴暂行条例》等单行本，都可以从中收集到相关的劳动标准。

4. 政府公告和有关报纸、杂志

通常情况下，《中华人民共和国全国人民代表大会常务委员会公报》和在全国范围内发行的报纸上会刊登劳动法律，《中华人民共和国国务院公报》和在全国范围内发行的报纸上会刊登劳动法规，地方人民代表大会常务委员会公报和在本行政区域范围内发行的报纸上会刊登地方性劳动法规，地方人民政府公报和在本行政区域范围内发行的报纸上会刊登地方政府规章。《中国劳动》和《中国社会保障》《中国劳动保障报》等杂志、报纸上也会刊登重要的劳动法律法规。此外，政府公报和其他报纸也刊登有关劳动标准。例如，根据规定各地最低工资标准需在当地人民政府公报和至少一种全地区性的报纸上发布。

5. 网络

网络的发展为劳动标准的收集提供了很大的便利，在相关的权威网站上利用搜索引擎就可以快捷地搜索到劳动法律法规以及相关的配套规定。

二、整理劳动标准的方法

整理劳动标准，就是对劳动标准进行分门别类。整理劳动标

---

① 国务院法制办公室. 中华人民共和国法律法规汇编［M］. 北京：中国法制出版社，2011.

准的方法主要有以下五种：①按劳动领域内的专业划分，可以把劳动标准整理为就业、工作条件、职业技能开发、劳动关系调整、劳动安全卫生、社会保险、劳动行政管理七类。②按劳动标准适用的层次范围，可以把劳动标准整理为国家劳动标准、行业劳动标准、地方劳动标准和企业劳动标准四类。③从劳动力市场运行程序角度，可以把劳动标准整理为进入劳动力市场的劳动标准、劳动力市场运行的劳动标准、退出劳动力市场的劳动标准和劳动力市场管理的劳动标准四类。④从劳动标准表现形式角度，可以把劳动标准整理为法规类劳动标准、技术类劳动标准和规范类劳动标准三类。⑤从劳动标准的作用角度，可以把劳动标准整理为强制性劳动标准、指导性劳动标准和约束性劳动标准三类。

三、汇编劳动标准的形式

汇编劳动标准应当基于方便使用的原则，因此各个用人单位汇编劳动标准的形式并不相同。一般来说，可以分为法定劳动标准分类汇编和内部劳动标准分类汇编。

（一）法定劳动标准分类汇编

法定劳动标准的分类汇编一般按《劳动法》的体系进行，即将劳动标准划分为劳动就业标准、劳动合同和集体合同标准、工作时间和休息休假标准、工资标准、劳动安全卫生标准、女职工和未成年工特殊保护标准、职业培训标准、社会保险和福利标准、劳动争议处理标准、劳动保障监察标准等。法定劳动标准是用人单位都需要遵守的标准。法定劳动标准的分类汇编应按内容进一步分类以方便查阅。

（二）内部劳动标准分类汇编

内部劳动标准的分类汇编既要考虑与法定劳动标准分类汇编的对照，又要结合单位内部管理需要。一般来说，内部劳动标准分类汇编应该在法定劳动标准分类汇编的基础上，适当增加一些类别。具体如何增加，应该结合单位实际情况而定。

延伸阅读

劳动标准的范围

1. 国家劳动标准的范围

国家劳动标准包括法律、行政法规和部颁规章三大类，其中国务院有关文件一般具有行政法规的效力，视同行政法规（个别情况例外），人力资源社会保障部等部委有关文件一般具有部颁规章的效力，视同部颁规章。

2. 行业劳动标准的范围

行业劳动标准是按照行业分类的劳动标准，由国家标准化管理委员会、国务院劳动行政主管部门或国务院相关主管部门发布，主要是基础类标准和技术类标准，包括劳动定员定额标准、职业培训标准和劳动安全卫生标准等。

3. 地方劳动标准的范围

地方劳动标准包括地方性法规、地方政府规章和其他规范性文件。如《上海市劳动合同条例》《上海市劳动和社会保障局关于实施〈上海市劳动合同条例〉若干问题的通知》等。

资料来源：劳动和社会保障部劳动工资研究所. 中国劳动标准体系研究［M］. 北京：中国劳动社会保障出版社，2003.

第二节 劳动标准的应用

第一单元 国家劳动标准和企业劳动标准

知识要求

一、国家劳动标准的概念与特点

国家劳动标准指的是国家站在保障劳动者权益和促进劳动关

系稳定和谐的立场上，对劳动者在职业劳动中应该享受或获取的利益确立一个最低标准并强制予以推行的劳动法律机制，具有法定性、保底性、强制性等特点。

二、国家劳动标准的主要内容

（一）最低工资标准

最低工资是指劳动者在法定工作时间或依法签订的劳动合同约定的工作时间内提供正常劳动的前提下，其所在单位应支付的最低劳动报酬。

我国最低工资立法始于1993年11月劳动部颁布的《企业最低工资规定》，此后不久颁布的《劳动法》也明确规定实行最低工资制度。2004年1月，劳动部颁布《最低工资规定》（2004年3月1日起施行，《企业最低工资规定》同时废止）。我国最低工资分为月最低工资标准和小时最低工资标准两类。其中，月最低工资标准适用于全日制就业劳动者，小时最低工资标准适用于非全日制就业劳动者。

在我国，下列各项不得作为最低工资组成部分：加班加点工资；中班、夜班、高温、低温、井下、有毒有害等特殊工作环境和条件下的津贴；法定社会保险和福利待遇等。

最低工资标准的确定和调整，由省、自治区、直辖市人民政府人力资源社会保障行政部门会同同级工会、企业联合会/企业家协会研究拟订方案，并将拟订的方案报送人力资源社会保障部。方案内容包括最低工资确定和调整的依据、适用范围、拟订标准和说明。人力资源社会保障部在收到拟订方案后，应征求全国总工会、中国企业联合会/中国企业家协会的意见。人力资源社会保障部对方案可以提出修订意见，若在方案收到后14日内未提出修订意见，则视为同意。省、自治区、直辖市范围内的不同行政区域可以有不同的最低工资标准。

确定最低工资标准时应综合考虑以下因素：①当地就业者及其赡养人口的最低生活费用；②城镇居民消费价格指数；③职工个人缴纳的社会保险费和住房公积金；④职工平均工资；⑤经济

发展水平；⑥就业状况。最低工资标准一般应高于本地区社会救济金和失业保险金水平，低于当地职工平均工资水平。

确定和调整小时最低工资标准，应在颁布的月最低工资标准的基础上，考虑单位应缴纳的基本养老保险费和基本医疗保险费因素，同时还应适当考虑非全日制劳动者在工作稳定性、劳动条件和劳动强度、福利等方面与全日制劳动者之间的差异。

（二）工作时间和休息休假标准

1. 工作时间

工作时间是指法律规定的劳动者在一昼夜或一周内从事工作的时间，即劳动者每天应工作的时数或每周应工作的时数。我国对于工作时间的规定和限制是由《劳动法》确定的。工时制度一般分为标准工时制、不定时工作制和综合计算工时工作制三类。

标准工时制是法律规定的在一般情况下普遍适用的工时制度，按照正常作息办法安排工作日和工作周。我国《劳动法》第三十六条规定："国家实行劳动者每日工作时间不超过八小时、平均每周工作时间不超过四十四小时的工时制度。"根据 1995 年 3 月修订的《国务院关于职工工作时间的规定》，标准工作时间调整为职工每日工作 8 小时、每周工作 40 小时。

不定时工作制是指每一工作日没有固定的上下班时间限制的工作时间制度。它是针对因生产特点、工作特殊需要或职责范围的关系，无法按标准工作时间衡量或需要机动作业的职工所采用的一种工时制度。

综合计算工时工作制，采用的是以周、月、季、年等为周期综合计算工作时间，但其平均日工作时间和平均周工作时间应与法定标准工作时间基本相同。

同时，《劳动法》第四十一条规定："用人单位由于生产经营需要，经与工会和劳动者协商后可以延长工作时间，一般每日不得超过一小时；因特殊原因需要延长工作时间的，在保障劳动者身体健康的条件下延长工作时间每日不得超过三小时，但是每月不得超过三十六小时。"第四十二条规定："有下列情形之一的，延长工作时间不受本法第四十一条规定的限制：（一）发生自然灾害、事故或者因其他原因，威胁劳动者生命健康和财产安全，需要紧急处理的；（二）生产设备、交通运输线路、公共设施发生故障，影响生产和公众利益，必须及时抢修的；（三）法律、行政法规规定的其他情形。”

《〈国务院关于职工工作时间的规定〉的实施办法》第四条规定：“在特殊条件下从事劳动和有特殊情况，需要在每周工作 40 小时的基础上再适当缩短工作时间的，应在保证完成生产和工作任务的前提下，根据《中华人民共和国劳动法》第三十六的规定，由企业根据实际情况决定。”

2. 休息时间

休息时间，是指劳动者在法律和行政法规规定的法定工作时间以外自行支配的时间。休息时间包括劳动者工作日休息的时数、工作日内的间歇休息时间、工作日间的休息时间和工作周休息的天数和工作周之间的休息时间等。

工作日内的间歇休息时间，是指在一个工作日内劳动者享有的休息和用餐的时间，又称间歇时间。我国法律并没有对此做出统一的规定，根据工作岗位和工作性质的不同而有所不同。

工作日间的休息时间，是指劳动者在一个工作日结束后至下一个工作日开始前的休息时间。对于工作日间休息时间的标准，我国法律没有做出统一的规定。

工作周之间的休息时间，是指劳动者连续工作一周后应当享有的休息时间。《国家机关、事业单位贯彻〈国务院关于职工工作时间的规定〉的实施办法》规定，国家机关、事业单位实行统一的工作时间，星期六和星期日为周休息日。

3. 休假

休假包括法定节假日、带薪年休假、探亲假、婚丧假、产假等。

法定节假日是由国家法律、法规统一规定的用以开展纪念、庆祝活动的休息时间，也是劳动者休息时间的一种。我国对于法定节假日的规定见 2013 年 12 月国务院修订的《全国年节及纪念日放假办法》。

带薪年休假是指劳动者连续工作满 1 年后每年依法享有的保留职务和工资的一定期限连续休息的假期。2007 年 12 月国务院颁布的《职工带薪年休假条例》，2008 年 2 月和 9 月人事部、人力资源社会保障部分别发布的《机关事业单位工作人员带薪年休假实施办法》《企业职工带薪年休假实施办法》，均对带薪年休假做出了相关规定。

产假是妇女产期前后所享受的休假待遇。2012 年 4 月国务院发布的《女职工劳动保护特别规定》明确，女职工生育享受 98 天产假，其中产前可以休假 15 天；难产的，增加产假 15 天；生育多胞胎的，每多生育 1 个婴儿，增加产假 15 天。女职工怀孕未满 4 个月流产的，享受 15 天产假；怀孕满 4 个月流产的，享受 42 天产假。

1981 年 3 月国务院发布的《关于职工探亲待遇的规定》，对国家机关、人民团体和全民所有制企业、事业单位的职工探亲假标准做出了规定：职工工作满 1 年，与配偶不住在一起，又不能在公休假日团聚的，可以享受探望配偶的假期待遇，即每年 1 次，假期 30 天；与父亲、母亲都不住在一起，又不能在公休假日团聚的，可以享受探望父母的假期待遇，即未婚职工每年 1 次，假期 20 天，已婚职工每 4 年 1 次，假期 20 天；单位应根据需要给予路程假。探亲假期包括公休假日和法定节日在内。

对于婚丧假，1980 年 2 月发布的《国家劳动总局　财政部关于国营企业职工请婚丧假和路程假问题的通知》规定，职工本人结婚或职工的直系亲属（父母、配偶和子女）死亡时，可以根据具体情况，由单位酌情给予 1~3 天的婚丧假。另外可根据路程远近，给予路程假。

（三）劳动安全卫生标准

劳动安全卫生标准，即劳动保护标准，是国家为保护劳动者在劳动过程中的安全和健康而制定的各种标准的总称，包括国家劳动安全卫生立法和劳动安全卫生规章制度。

劳动安全卫生规章制度包括劳动安全技术规程、劳动卫生规程、企业安全卫生管理制度等。

（四）女职工、未成年工特殊劳动保护标准

女职工是指以工资收入为主要生活来源的女性劳动者。女职工特殊保护，是指根据女职工身体结构和生理机能的特点以及抚育子女的特殊需要，在劳动方面对妇女特殊权益的法律保障。女职工特殊保护制度的主要内容包括对女职工在劳动过程中的特殊保护、对女职工生理机能变化过程中的特殊保护等。

未成年工是指年满 16 周岁未满 18 周岁的劳动者。未成年工特殊保护，是指国家为维护未成年工的合法权益，在劳动方面对未成年工特殊权益的法律保障。1994 年 12 月劳动部发布的《未成年工特殊保护规定》对未成年工在劳动过程中的保护标准做出了详细的规定。

（五）社会保险标准

社会保险是国家通过立法手段，在劳动者因年老、疾病、工伤、失业、生育等原因，暂时或永久失去生活来源的时候，依法给予一定的物质帮助，保障公民基本生活需要的一种社会保障制度。我国基本社会保险的缴费及待遇的具体标准可参见 2010 年 10 月颁布，2018 年 12 月修正的《社会保险法》。

三、企业劳动标准

（一）企业劳动标准的概念和适用对象

企业劳动标准是指企业内部劳动关系双方共同遵守的劳动方面的办事规程或行为规则。企业劳动标准是国家、行业、地方劳动标准的延伸和细化，是劳动力市场主体——企业和劳动者双方或企业单方以国家、行业、地方劳动标准为基础，针对本单位实际情况而制定的劳动标准。企业劳动标准仅适用于企业范围内的全体劳动者。

（二）企业劳动标准的分类

根据企业劳动标准所涉及的劳动条件内容不同，企业劳动标准可以分为劳动报酬标准、工作时间标准、休息休假标准、劳动安全卫生标准、保险福利标准、劳动定员定额标准、职业培训标准、女职工特殊保护标准等。

（三）企业劳动标准的作用

企业劳动标准的作用在于：①将适用于企业的国家劳动标准、地方劳动标准、行业强制性劳动标准具体化，明确企业适用的标准内容和范围，避免违反法律法规；②规范各项作业的流程及标准，提高工作效率；③规范劳动关系双方的行为，营造良好而有序的内部工作环境和秩序。

（四）企业制定劳动标准的方式

1. 集体合同

通过集体合同形成劳动标准是企业内部自发形成劳动标准的一种方式，主要是工会或者职工代表与企业在协商的基础上签订集体合同，通过集体合同确定企业内部劳动标准，使得本企业内的劳动者各方面权益得到更好的保护。企业集体合同的约束范围包括本企业的所有劳动者，以及未来进入本企业的劳动者。集体合同中的劳动标准主要包括工资标准、工时标准（包括休息休假标准）、劳动安全卫生标准、社会保险标准等。

2. 劳动规章制度

企业内部劳动规章制度是企业形成劳动标准的主要形式。企业劳动规章制度中形成的劳动标准，是在国家标准、行业标准和地方标准的基础上针对各项劳动条件制定的适合本企业发展的劳动标准，由企业自主建立，并经过职工代表大会或者全体职工讨论，与工会或职工代表平等协商确定。

3. 劳动合同样本

企业也可以通过制定劳动合同样本的方式制定企业劳动标准，即将企业的劳动标准，主要包括工资标准、工时标准（包括休息休假标准）、劳动安全卫生标准、社会保险标准等通过劳动合同格式文本的形式表现出来。

从上述内容中可以发现，在企业制定劳动标准的三种方式中，集体合同是企业与全体劳动者约定关于企业内部的劳动标准，其作用在于为企业劳动标准划出底线；劳动合同样本则是企业与个别劳动者约定劳动标准及其他方面事项的文本，其作用在于为企业与个别劳动者的劳动关系做出针对性的、具体的标准与要求；而企业劳动规章制度则是在企业实际运行和管理劳动标准过程中，企业对劳动者施加管理和劳动者明确义务的依据，在企业劳动标准体系中发挥着非常重要的作用。

技能要求

一、企业劳动标准的实施

企业劳动标准的实施即劳动者与企业双方按照集体合同、规章制度和劳动合同样本的相关条款，全面严格地完成己方应当履行的义务，并享有应当享有的权利的过程。在企业劳动标准实施过程中，应当明确实施主体，遵守实施原则，确保企业劳动标准实施。

在企业劳动标准的运行过程中，企业是实施主体。企业劳动标准是由企业制定、修改、实施、废除的，企业负责在企业范围内贯彻实施劳动标准，保障劳动标准的落实，并依据劳动标准来规范管理行为。

劳动者在企业劳动标准运行过程中的定位是实践者与变革者。企业劳动标准所管理的对象是劳动者，劳动者在实践过程中遵循企业劳动标准工作，在实践当中检验企业劳动标准设置的合理性。同时，根据企业劳动标准的制定原则，劳动者有权审议企业劳动标准的设置，对于在实践中检验到的疏漏和不合理之处，劳动者应当及时提出建议，以推动企业劳动标准的改善，更好地促成和谐劳动关系构建。

二、企业劳动标准实施的原则

（一）严格执行、依章治企原则

企业劳动标准是维持企业正常运转，推动企业快速发展的重要保障，具有不可替代的重要作用。但是企业劳动标准是一把“双刃剑”，只有合法有效并且被严格执行的企业劳动标准，才能强有力地促进企业业务发展。企业劳动标准是企业的“法律”，只有做到“法律面前人人平等”，自觉地依据完善的企业劳动标准实施管理，才会行之有效。企业职工对企业劳动标准产生意见经常是因为执行过程中的不公正，管理者在实施企业劳动标准时带有一些主观因素等。鉴于此，企业在劳动标准实施过程中要遵守严格执行、依章治企的原则。

（二）前后统一、全面实施原则

企业劳动标准应有相对的统一性，若在实施过程中发现问题，应及时地纠正。企业劳动标准在修改时，首先要遵循企业劳动标准修改的必要程序，如民主参与修改、备案、告知等。其次还要注意各个劳动标准之间的相互联系，争取做到前后统一。企业劳动标准一旦公布，就应具有相对的稳定性，不应朝令夕改。全面实施是指在实施过程中要避免割裂、片面地执行企业劳动标准。企业劳动标准不能有选择地实施，而应当得到全面的贯彻落实。

（三）各司其职、协作实施原则

企业劳动标准的实施范围覆盖了企业全体职工和所有部门，需要各部门的协同配合，因此，在实施企业劳动标准过程中，各职能部门和每个职工不但要认真履行企业劳动标准所要求的责任，而且要注重相互之间的配合与协作，更好地贯彻实施企业劳动标准。

（四）及时调整、合理实施原则

企业的劳动标准一经公布生效，就应当立即在企业贯彻执行。企业劳动标准中的政策性规定，凡是应执行国家政策法规规定的，当国家政策法规公布后，企业应立即执行；凡国家规定由企业自主决定调整标准的，也应当在规定的日期内完成。

第二单元　劳动标准的法律效力

知识要求

一、不同层次劳动标准的效力

法律效力即法律上的约束力，是指法律作为一种国家意志所具有的约束力和强制性。如某个合同发生法律效力，就是该合同符合法律规定的条件和程序，因而受到法律的保护。法律效力的范围包括法律的空间效力、时间效力和对象效力范围三方面。空间效力指法律生效的地域（包括领海、领空），通常全国性法律适用于全国，地方性法规仅在本地区有效。时间效力指法律开始生效的时间和终止生效的时间，一般是公布之日起或公布一段时间后生效。法律的对象效力范围即对主体的效力范围，指法律可以适用的主体范围（如《劳动法》的适用范围包括中华人民共和国境内的企业、个体经济组织和与之形成劳动关系的劳动者）。

不同的规范性文件法律效力不同。全国人民代表大会及其常务委员会制定的法律具有最高的法律效力，一切行政法规、地方法规、规章都不得与其规定相冲突。行政法规的效力高于地方性法规和规章。地方性法规的效力高于本级和下级地方政府规章。省、自治区的人民政府制定的规章的效力高于本行政区域内的较大的市的人民政府制定的规章。

我国的劳动标准体系分为三个层次。最高层次是国家劳动标准，具有最高的法律效力；中间层次是地方劳动标准和行业劳动标准，起承上启下的作用，对上贯彻国家劳动标准，对下指导企业劳动标准；最低层次是企业劳动标准，属于市场微观范畴。

在我国，国家劳动标准、行业劳动标准、地方劳动标准和企业劳动标准之间的效力关系表现在以下五个方面：①企业劳动标准的制定必须以遵守国家、行业和地方劳动标准为前提，否则会产生不利后果，甚至受到处罚。②国家劳动标准效力高于行业和地方劳动标准，行业和地方劳动标准不得与国家劳动标准冲突，否则无效。③行业和地方劳动标准可以将国家劳动标准具体化，即根据本行业或本地区的实际情况做出具体规定。④某些地方劳动标准（地方性法规）与行业劳动标准之间对同一事项的规定不一致，不能确定如何适用时，由国务院提出意见，国务院认为应当适用地方劳动标准的，应当决定在该地方适用地方劳动标准的规定；认为应当适用行业劳动标准的，应当提请全国人民代表大会常务委员会裁决。⑤行业劳动标准之间对同一事项的规定不一致时，由国务院裁决。

二、劳动基准的效力

劳动基准是国家干预，表现为国家通过制定强制性的最低劳动标准，限制劳动关系当事人的意思自治。劳动基准具有双向约束力，即劳动基准不仅约束用人单位的行为，也约束劳动者放弃权利的行为。劳动基准对于用人单位的约束力体现在用人单位如果违反了相关劳动基准法律规定，会被劳动行政部门予以处罚或被劳动者要求承担损害赔偿责任。劳动基准对于劳动者的约束力体现在劳动基准确定的劳动者权利具有不可抛弃性。劳动基准对劳动者劳动权益的保障，表现在其规定了劳动者在劳动关系中应享有的基本权利和由用人单位承担的义务。劳动基准赋予劳动者的基本权利与私法上的权利最大的区别在于，作为权利享有者的劳动者不得放弃这种权利，即劳动者在劳动合同中所做出的自愿放弃劳动基准赋予的权利的约定属于无效约定。根据《劳动合同法》的规定，劳动基准对劳动合同和集体合同的内容都有“保底”的效力，即劳动合同和集体合同的内容都不得低于劳动基准。

劳动基准具有三项基本功能：

第一是准据功能。劳动基准是法律规定的最低劳动标准，当事人间的合意只能在劳动基准之上进行。我国《劳动合同法》第五十五条明确规定，集体合同中劳动报酬和劳动条件等标准不得低于当地人民政府规定的最低标准；用人单位与劳动者订立的劳动合同中劳动报酬和劳动条件等标准不得低于集体合同规定的标准。因此，劳动基准是劳动合同、集体合同以及用人单位制定规章制度、行业形成劳动惯例时所必须考虑的依据和标准起点。

第二是替代功能。劳动基准对于劳动合同、集体合同内容具有替代性和补充性。在集体合同、劳动合同对劳动报酬和劳动条件等标准约定不明的情况下，劳动基准可以直接作为劳动合同内容，弥补当事人约定的不足。《劳动合同法》第十八条规定，劳动合同对劳动报酬和劳动条件等标准约定不明确，引发争议的，用人单位与劳动者可以重新协商；协商不成的，适用集体合同规定；没有集体合同或集体合同未规定劳动报酬的，实行同工同酬；没有集体合同或者集体合同未规定劳动条件等标准的，适用国家有关规定。而替代性则是指当劳动合同中约定的条款无效时，可以适用集体合同的规定；如果没有集体合同或集体合同没有约定的，则使用劳动基准。但是，劳动基准的这种补充和替代效力是有限的，并不是所有的都有替代效力，比如，工资无约定或约定无效时，实行同工同酬，并不直接适用最低工资，对此《劳动合同法》有明确规定。

第三是整体推动功能。劳动基准对于适用范围内的劳动条件有普遍推动作用，这主要是基于劳动基准的普遍适用性而产生的。劳动基准是劳动合同中有关工资、工时、休息休假等劳动条件约定的基础，是集体协商订立集体合同的起点，是行业制定相关行业标准或企业制定内部规章制度的法律依据。根据法律的规定，劳动合同、集体合同、劳动规章制度、行业标准等如果与法律规定的劳动基准相抵触，则为无效。因此劳动基准实际上是决定了通过其他方式确定的劳动条件的底线，所谓“水涨船高”，劳动基准的变动对于适用范围内的劳动条件确定具有普遍推动意义。

延伸阅读

某集团人力资源开发和管理标准大纲

第一章 总则

目的

原则

适用范围

职责划分

第二章 人力资源规划

第三章 员工招聘管理

招聘原则

社会招聘

工人招聘

校园招聘

第四章 员工培训与开发

培训类别

培训协议

培训纪律

内部讲师队伍建立

第五章 薪酬福利管理

第六章 员工考核管理

职责划分

考核权限规定

第七章 员工调动管理

第八章 员工晋升管理

第九章 员工离职管理

第十章 员工考勤管理

考勤管理

工作时间

打卡管理

迟到、早退、旷工

假期管理

第十一章　管理与监督

第十二章　附则

技能要求

一、劳动标准的宣传

劳动标准的宣传是指向不特定的多数对象宣传劳动标准的内容和含义，其目的是促使宣传对象遵守劳动标准。对劳动标准进行宣传，既可保护劳动者的合法权益，又可避免用人单位违反劳动标准，从而进一步增进劳企互信和劳动关系和谐。

（一）宣传的对象和内容

劳动标准的宣传对象主要有两大类：一是用人单位方的对象，包括企业的法定代表人、总经理、部门负责人、车间负责人、人力资源管理部门的工作人员等。这些人员都具有对职工进行管理、监督和约束的相关权力，是用人单位的代表。他们对劳动标准的理解和掌握程度，直接关系到劳动标准是否能在单位内部得到贯彻执行。因此，对他们开展的宣传，应以用人单位如何履行劳动标准所确定的义务、如何在合法的前提下正确行使用工管理的权限、如何正确处理与职工之间就执行劳动标准产生的纠纷和争议为重点。二是职工，既包括从事一线生产经营的职工，也包括第一类对象中的部分管理人员。后者具有双重身份，以车间负责人为例，当其从事车间相关事务管理时属于用人单位的代表，但其本人作为单位职工也应享有《劳动法》赋予职工的权利。向职工宣传劳动标准的重点应当是劳动基准的内容、劳动者如何向用人单位表达或依法主张自身的权利诉求和利益诉求，以及劳动者应履行的法定义务等。

（二）宣传的方式和技巧

宣传劳动标准既可以采用书面方式，也可以采用口头方式。

书面方式主要是指编辑并发放劳动标准宣传材料。要提高书面宣传的实用性和实际效果，必须注意书面宣传的技巧。从宣传材料的内容来看，既可以是全面介绍劳动标准，也可以是围绕或选取某一方面进行介绍，如对工资方面、工作时间方面、假期方面等予以细化介绍；从宣传材料的编辑方式来看，应通过丰富多样的形式增加资料的针对性和趣味性，如采取案例评析、一问一答，以及漫画、插图等图文并茂的方式，使劳动标准的内容更加通俗、直观、易于理解和掌握；从宣传材料的发放形式和手段来看，既可以印成小册子发给职工，也可以印成较大的宣传画张贴在生产经营场所，还可以在单位的网站、简报上刊登，以方便各类宣传对象接受。

口头方式主要包括现场宣讲、会议宣讲和讲课宣讲三种形式。

现场宣讲是指到工作场所进行宣讲，通常适用于某一车间、某一部门在执行劳动标准时，存在疑义或者不同意见的情形。采用这种方式时，宣讲者要事先做好调研，了解宣讲对象关注的重点问题，结合他们的知识结构、文化层次、工作特点等，有针对性地准备宣讲内容。宣讲时要注意与听讲者的互动，可以由宣讲者提出问题，让听讲者回答或者讨论，也可以让听讲者提问，宣讲者来回答。在宣讲过程中尽量结合实例，运用身边的例子阐释道理，以达到释疑解惑的效果。

会议宣讲是指召开劳动标准宣讲会议，通常针对某一具体用人单位或某一行业、区域的用人单位执行劳动标准所存在的问题而召开。宣讲会议可以是较大规模的会议，由若干单位的负责人及职工参加，主要由宣讲人针对用人单位或行业的特点和需要讲解劳动标准；也可以是小规模的座谈会，选择若干与宣讲主题联系紧密的对象参加，可由参会人员发表观点，相互讨论，以利于提高会议的针对性，有效解决参会人员共同面临的问题。在这一过程中，宣讲者要注意在认真倾听的同时，及时澄清和纠正错误的思想认识。

讲课宣讲是指开办劳动标准培训班，通过课堂讲授等培训方式宣讲劳动标准，通常围绕某一劳动标准进行全面细致的解读，宣讲对象可以来自一个单位，也可以来自多个单位。在宣讲时，对劳动标准的理解要符合立法原意，表述要准确，不能随意解释；要突出劳动标准的重点内容，把重点内容讲清、讲透，语言应该力求简炼、通俗，观点鲜明，让宣讲对象一听就明白。在宣讲过程中一定要结合案例，善于运用案例阐释抽象深刻的道理。在可能的情况下可以采取互动式教学，由宣讲者提出问题，学员分组讨论，最后由宣讲者予以点评、讲解及总结。

（三）宣传效果的评估

科学地评估劳动标准宣传的效果，有利于今后进一步加强和完善劳动标准宣传工作。宣传效果评估的方式包括个别面谈、集体座谈、电话调查、问卷调查等。采取面谈、座谈、电话调查等方法，优点是可以与相关对象进行即时沟通，掌握“活”情况，缺点是主观性强，参与面受限，可能以偏概全；采取问卷调查方法时，既可以发放纸质问卷，也可以在单位网站上进行网络调查，其优点是参与面广，客观性强，但由于缺乏互动而难以掌握“活”情况。关于宣传效果评估的具体衡量尺度，可以采取4分法（优秀、良好、一般、差），也可以采取10分法（1~10分）。

二、用人单位劳动标准实施情况的调查

用人单位调查本单位劳动标准的实施情况，一般通过自查的方式。自查既是用人单位应尽的义务，也是规避执法部门处罚风险的有效途径。

（一）自查的形式

自查的形式包括报告和报表两种。用人单位进行自查，既可以报告的形式进行，也可以报表的形式进行，或者两种形式同时使用。

自查报告，就是以书面报告的形式，针对劳动监察、安全生产监督管理、社会保险征缴和社会保险稽核制度的要求，对本单位落实以劳动法律法规为核心的劳动标准的情况进行自我检查和总结。撰写自查报告，首先应该收集本单位劳动标准的执行情况及存在的问题。在此基础上，对有关情况和问题进行分类总结。自查报告一般包括三部分：一是存在的问题；二是产生问题的原因；三是解决问题的对策建议。

自查报表，就是以报表的形式，针对劳动监察、安全生产监督管理、社会保险征缴和社会保险稽核制度的要求，对本单位落实劳动标准的情况进行自我检查和总结。自查报表一般通过对比的方式反映本单位落实劳动标准的情况，包括三栏：一是劳动标准；二是本单位情况；三是劳动标准和本单位情况的对比（结果一般以达标、基本达标和未达标或合格、不合格表示）。

（二）自查的方法

自查的方法从检查范围来看，可以分为普查和抽查；从检查时间来看，可以分为事前自查和事后自查；从主动性来看，可以分为主动自查和被动自查。

1. 普查和抽查

普查就是全面检查，包括对普查资料的收集、数据汇总、资料评价、分析研究、报告等全部过程，是收集资料的一种最基本的科学方法，也是提供基本数据的主要来源。普查应统一筹划和部署，统一内容、时间和调查方法，以保证资料的准确性和可靠性。为保证结果的真实性，普查结果不应该作为奖惩依据。普查工作的基本步骤，大致可划分为三个阶段：一是普查准备阶段；二是实地普查阶段；三是普查总结阶段。

抽查即抽样检查，是指检查人员在执行检查程序时，从被查对象总体中，按照一定的方法，有选择地抽选一定数量的样本进行测试，并根据测试结果推断总体特征的一种方法。抽查法具有高效率、低费用的优点，能够收到事半功倍的效果。但由于抽查的时间和范围具有局限性，如果抽查法运用不当，样本选取不当或缺乏代表性，那么将导致抽查结果不能代表总体，以致得出错误的结论。

2. 事前自查和事后自查

事前自查是在国家劳动行政部门检查之前进行的自我检查。事前自查的优点在于，可以及时纠正不符合劳动标准的问题，从而规避处罚的风险。缺点在于漫无目标、工作量大。

事后自查是在国家劳动行政部门检查之后进行的自我检查。事后自查的优点在于，针对性强、工作量小，可以高效率地查明问题。但由于主要问题已经被劳动行政部门检查出来并加以处罚，所造成的声誉损失和经济损失已无法弥补。

3. 主动自查和被动自查

主动自查是用人单位为了提高社会声誉、避免行政执法处罚及减少劳动争议而采取的主动性自我检查。用人单位出于维护自身形象、避免经济损失的考虑，应制订主动自查计划，定期或不定期地进行主动自查。

被动自查是用人单位根据劳动用工年检工作制度要求及其他法律法规和政策规定所进行的自我检查。被动自查程序包括领取年检资料及其他有关资料，进行自查自纠，以及按要求提供本单位遵守有关劳动法律法规的情况。

相关法律法规

1. 《中华人民共和国劳动法》
2. 《中华人民共和国安全生产法》
3. 《中华人民共和国劳动合同法》
4. 《中华人民共和国社会保险法》
5. 《全国年节及纪念日放假办法》
6. 《国务院关于职工工作时间的规定》
7. 《禁止使用童工规定》
8. 《职工带薪年休假条例》
9. 《女职工劳动保护特别规定》
10. 《最低工资规定》
11. 《集体合同规定》

12.《未成年工特殊保护规定》

13.《劳动部关于企业实行不定时工作制和综合计算工时工作制的审批办法》

14.《劳动和社会保障部关于职工全年月平均工作时间和工资折算问题的通知》

复习思考题

1. 简述劳动标准的概念和分类。
2. 简述劳动基准的概念。
3. 简述用人单位收集、整理、汇编劳动标准的方法。
4. 简述最低工资标准的内容。
5. 简述工作时间和休息休假标准的内容。
6. 简述劳动安全卫生标准的内容。
7. 简述女职工、未成年工特殊劳动保护标准的内容。
8. 简述企业劳动标准的实施原则。
9. 不同层次劳动标准的效力区别如何?
10. 劳动标准的宣传方式有哪些?

案例分析题

某工业企业有三个生产车间，在职工的反复呼吁下，企业和职工代表经过反复磋商，签订了一份集体合同。集体合同主要包含两项内容，一项是工作日的上午、下午各增加 15 分钟的工间休息，此休息时间计入工作时间；另一项企业职工的月工资不得低于 3 000 元。

后来，企业因生产需要，增设一个车间，并新招收了 30 余名职工，与每名职工都签订了劳动合同，约定月工资 5 000 元。由于新车间刚成立，职工都是新手，事务纷繁复杂，企业没有给新车间的职工安排工间休息。新车间的职工产生了疑惑：为什么别的车间职工可以工间休息，新车间却没有呢?

当新车间职工了解到集体合同内容后，向企业提出了工间休息的要求。企业的解释是：不能孤立看待集体合同的条款，集体合同除了约定了工间休息的内容外，还约定了3 000元的月最低工资标准，新车间的员工工资都超过了这一标准，就是考虑到不再进行工间休息。企业表示，如果新车间职工要求工间休息，那只能进行降薪处理。

新车间的职工对此说法不认可，表示要去申请仲裁解决。

新车间的职工的诉求是合法的，理由如下：

第一，按照《劳动法》的规定，依法签订的集体合同对企业和企业的全体职工具有约束力。因此，集体合同的条款不但适用于老职工，也适用于新职工。新车间的职工虽然没有参与集体协商，但从他们入职第一天开始，就享有集体合同约定的权利，即和其他车间职工一样享有每个工作日上午、下午各15分钟的工间休息的权利，企业不应该“厚此薄彼”。

第二，按照《劳动法》的规定，职工个人与企业订立的劳动合同中劳动条件和劳动报酬等标准不得低于集体合同的规定。由此可见，集体合同具有确定劳动条件和劳动报酬最低标准的效力，职工个人与企业之间签订的劳动合同中关于劳动条件和劳动报酬的标准不得低于集体合同的规定，但是可以高于集体合同规定的标准。新车间职工的工资为5 000元，高于集体合同规定的3 000元的最低工资标准，是完全符合法律规定的。

按照集体合同的规定，新车间职工应当享受工间休息，工间休息不能作为降薪的理由，即工间休息不能置换为劳动报酬的一部分，企业应当无条件满足新车间职工提出的享受工间休息的要求。

请思考：用人单位在制定劳动标准时应注意哪些问题？

第二章　劳动合同管理

学习目标

1. 掌握劳动合同的概念，了解劳动合同的作用。

2. 掌握劳动合同当事人的主体资格条件，了解与劳动合同相关的专项协议类型。

3. 掌握订立劳动合同的形式和时间要求，熟悉劳动合同订立程序，熟悉事实劳动关系的认定和处理。

4. 熟悉劳动合同档案管理的基本内容，熟悉劳动合同文本管理风险的防范。

5. 掌握劳动合同履行的概念和原则，熟悉特殊时期劳动合同履行的特别规定。

6. 掌握劳动合同变更的概念和类型，了解劳动合同变更的程序。

7. 掌握劳动合同解除的概念和主要类型，了解劳动合同解除文书的制作和送达。

8. 掌握劳动合同终止的概念及原因，了解劳动合同终止和续订的程序。

第一节　劳动合同的订立

第一单元　劳动合同订立的准备

知识要求

一、劳动合同的概念

劳动合同也称劳动契约、劳动协议，国外还称雇佣合同或雇佣契约，我国立法统一称为劳动合同。在立法上对劳动者与雇主关系进行调整始于公元 6 世纪的罗马法。在自由资本主义时期，根据契约自由原则，各国主张不干预雇佣关系，此时，劳动合同关系仍由民法调整。20 世纪以后，各国政府对契约自由加以限制，纷纷通过立法对劳动合同进行专门规定。

我国《劳动法》将劳动合同的概念界定为：劳动合同是劳动者与用人单位确立劳动关系、明确双方权利和义务的协议。劳动合同是调整劳动关系的基本法律形式，也是确定劳动者与用人单位劳动关系的基本前提，在劳动法律体系中占据了核心地位。用合同形式明确劳动者与用人单位的劳动关系，是我国劳动法律进步的标志，对实现劳动关系调整从行政手段到市场手段转变具有重大意义。劳动合同是市场经济体制下用人单位与劳动者进行双向选择的结果，是保护劳动者合法权益的重要依据。

二、我国劳动合同制度的发展历程

（一）新中国成立后至 1980 年

新中国成立初期，我国实行了一段时间的劳动合同制度。由于当时还存在大量私营企业及职工，在建立劳动关系上，国家还是要求通过订立劳动合同建立劳动关系。20 世纪 50 年代后期，由于国家逐渐实行职工统一调配制度，劳动合同制度基本只在临时工、季节工、轮换工中实行。随着社会主义改造的基本完成，我国实行高度集中的计划经济，在企业中实行的是国家统包统配的终身固定工制度，劳动合同制度也失去了存在的必要，退出了历史舞台。

（二）1980 年至 1994 年

改革开放以后，劳动合同制度又重返历史舞台。1980 年，劳动合同制度首先在合资企业中推行。1986 年，国务院发布了《国营企业实行劳动合同制暂行规定》（已于 2001 年废止），决定在企业新招收的职工中实行劳动合同制。虽然这一规定确定的劳动合同制实行的范围还较窄，但其成为我国开始实行劳动合同制度的法律依据。

（三）1994 年至今

我国劳动合同制度的重大发展是在 1994 年《劳动法》颁布后。《劳动法》以较大篇幅规定了劳动合同制度，规定所有适用《劳动法》的用人单位不分所有制性质一律实行劳动合同制度。劳动者的范围也从新招用的职工扩大到所有的劳动者，不区分固定工和临时工，也不区分管理人员、技术人员和一般工人。《劳动法》的颁布标志着我国劳动合同制度的正式建立。

三、劳动合同的作用

（一）确立劳动关系

劳动合同最基本的作用就是确立劳动者和用人单位的劳动关系，明确双方的权利和义务。我国《劳动合同法》第一条规定：“为了完善劳动合同制度，明确劳动合同双方当事人的权利和义务，保护劳动者的合法权益，构建和发展和谐稳定的劳动关系，制定本法。”可见，劳动合同是确立劳动关系的法律形式，对于保障劳动者的合法权益，促进用人单位的合理用工以及构建和谐劳动关系都起到积极的推动作用。

（二）有利于尊重劳动，保护劳动者权益

劳动合同是劳动者实现劳动权，维护劳动者合法权益的重要保障。劳动合同一方面从形式上确立劳动关系，是劳动者实现劳动权的重要法律形式，从而为劳动者获得劳动报酬、休息休假、社会保险等各项法定权益奠定了基础；另一方面又从内容上具体约定了劳动者的工资、工作内容、工作时间等权益，从而为劳动者实现劳动保障权益提供了依据。

（三）有利于维护用人单位合法权益

劳动合同不仅有利于规范用人单位用工行为，提高管理效率，而且保障了用人单位的合法权益。如依赖于劳动合同的竞业限制制度就有利于保护用人单位的商业秘密和知识产权，促进创新和公平竞争。

（四）有利于构建社会主义和谐劳动关系

劳动关系和谐稳定，是保证用人单位正常的生产经营秩序、促进经济社会和谐发展的前提和基石。劳动合同的签订建立在自愿平等、协商一致的基础上，是劳动者和用人单位实现双向选择的重要途径，有利于劳动力市场的稳定以及劳动关系双方利益和力量的平衡。此外，劳动合同是预防和正确处理劳动争议的重要手段，是劳动争议有效解决的重要依据。

四、劳动合同当事人的主体资格

相对于其他民事合同而言，劳动合同的当事人比较特殊，只能是劳动者和用人单位。所谓劳动合同当事人的主体资格，是指具有什么样条件的当事人才有资格订立劳动合同，劳动者之间无法订立劳动合同，用人单位之间也无法订立劳动合同，即使是劳动者和用人单位之间订立劳动合同，双方也必须同时具备法律所规定的主体资格条件。

（一）劳动者的主体资格

1. 年龄条件

根据我国《劳动法》的规定，除一些特殊的岗位外，禁止用人单位招用未满 16 周岁的未成年人。而当劳动者达到法定退休年龄后，就将退出劳动岗位，其原有的劳动合同也会自然终止，并且不再享有订立劳动合同的资格。因此，具有签订劳动合同资格条件的劳动者一定是在法定劳动年龄内，即从年满 16 周岁到法定退休年龄之前。

2. 劳动能力条件

劳动能力是人进行生产活动的能力，包括体力和脑力两个方面，是劳动者以自己的行为依法行使劳动权利和履行劳动义务的能力。用人单位招用劳动者的目的在于使用劳动者提供的劳动，因此，劳动者必须具备与用工岗位相适应的劳动能力。通常情况下，一个身体健康心智正常的劳动者具有完全的劳动能力，只要在法定劳动年龄内，就有订立劳动合同的资格。当劳动者因为生病、受伤等原因导致劳动能力受损时，可以进行劳动能力鉴定。对于部分丧失劳动能力或大部分丧失劳动能力的劳动者而言，仍可以从事一些与其劳动能力相匹配的工作；而对于完全丧失劳动能力的劳动者而言，无论其是否达到法定退休年龄，通常都要退出劳动岗位，也就失去了订立劳动合同的资格。

（二）用人单位的主体资格

作为劳动合同的一方主体，用人单位必须合法成立，在注册登记部门办理注册登记手续。对企业而言，企业依法设立必须到工商管理行政部门办理登记，取得营业执照，未领取营业执照而进行生产经营活动的，属于非法经营行为。不具备合法经营资格的组织招用劳动者从事生产经营活动是一种违法行为。

与劳动者的主体资格条件相比，用人单位的主体资格条件中并没有对成立时间必须届满多长期限的限制。但是，用人单位应当有能力组织劳动者进行劳动，并且向劳动者支付劳动报酬。实践中，用人单位的组织类型比较多样化，常见的用人单位有企业、个体经济组织、国家机关、事业单位、社会团体、民办非企业单位等。需要注意的是，并非在国家机关、事业单位、社会团体工作的每一位劳动者都适用劳动合同制度，其中公务员和参照《公务员法》管理的工作人员不适用劳动合同制度，因此国家机关、事业单位、社会团体不会与公务员以及参照《公务员法》管理的工作人员订立劳动合同。

五、与劳动合同相关的专项协议

劳动合同是确立劳动关系，明确劳动者和用人单位双方权利和义务的协议。法律规定了劳动合同必须具备某些条款，同时还授权劳动者和用人单位自行约定法定条款以外的其他内容。约定内容可以写进劳动合同文本之中成为劳动合同的条款，也可以单独以协议文本的形式出现。这些内容与劳动合同相关、属于劳动合同约定事项，又以单独文本形式出现的协议被称为专项协议。常见的专项协议有培训服务期协议、保密协议、竞业限制协议等几种类型。

（一）培训服务期协议

与劳动合同有关的培训服务期协议，是指劳动者与用人单位约定，用人单位为劳动者提供专项培训费用，对其进行专业技术培训的，同时要求劳动者接受培训后应当工作满一定期限的协议。劳动者违反服务期约定的，应当按照约定向用人单位支付违约金。违约金的数额不得超过用人单位提供的培训费用。用人单位要求劳动者支付的违约金不得超过服务期尚未履行部分所应分摊的培训费用。

（二）保密协议

与劳动合同相关的保密协议，是指劳动者与用人单位约定，禁止获悉用人单位商业秘密的劳动者向第三人披露相关信息的协议。劳动者如果违反保密协议的约定，给用人单位造成损失的，需要承担赔偿责任；劳动者如果泄密情节严重，还有可能需要承担刑事责任。

（三）竞业限制协议

与劳动合同有关的竞业限制协议，是指劳动者与用人单位约定，劳动者在解除或者终止劳动合同后（通常不超过两年），不得从事相关工作的协议。具体限制为：不得到与本单位生产或者经营同类产品、从事同类业务的有竞争关系的其他用人单位去任职，也不得自己开业生产或者经营同类产品、从事同类业务。劳动者在履行竞业限制义务期间，用人单位应当按月向劳动者支付竞业限制补偿。

技能要求

一、订立劳动合同的形式要求

《劳动合同法》规定劳动合同应当以书面形式订立，同时又针对非全日制用工形式设定例外情形。实际上，用书面形式订立劳动合同严肃认真、准确可靠、有据可查，一旦发生劳动争议，也便于查清事实、分清是非，同时还有利于主管部门进行监督检查。另外，书面劳动合同能够加强合同当事人的责任感，促使合同所规定的各项义务能够得到全面履行。与书面形式相对应的口头形式由于没有可保存的文字依据，随意性大，容易发生纠纷，且难以举证，不利于保护当事人的合法权益。

二、订立劳动合同的时间要求

《劳动法》第十六条规定："建立劳动关系应当订立劳动合同。"由此可见，如果用人单位与劳动者建立劳动关系，签订劳动合同就成为一项必须完成的任务。用人单位与劳动者建立劳动关系而不按法律规定签订劳动合同，则会承担不利的法律后果。

（一）劳动关系建立的标志

《劳动合同法》第七条规定："用人单位自用工之日起即与劳动者建立劳动关系。"劳动关系建立的唯一标志就是用工。只要劳动者实际提供劳动，用人单位存在实际用工的事实，就建立了劳动关系，而不论双方是否签订了书面劳动合同。

（二）劳动合同订立的时间

实践中由于客观条件的限制，建立劳动关系和订立劳动合同往往不能同时完成，法律因此而做出了比较宽松的规定。

1. 先订立劳动合同，后建立劳动关系。我国法律并不限制用人单位在用工之前与劳动者订立书面的劳动合同，但劳动关系的建立仍以实际用工之日为标志。

2. 建立劳动关系和订立劳动合同同时进行。在理论上，这是符合法律规定的一种理想状态，符合条件的部分用人单位可以达到。

3. 先建立劳动关系，后订立劳动合同。已建立劳动关系，未同时订立书面劳动合同的，应当自用工之日起一个月内订立书面劳动合同。

（三）未及时订立劳动合同的法律后果

表 2–1 列出了未及时订立劳动合同所产生的法律后果。

表 2–1　　　　未及时订立劳动合同的法律后果

时间 原因	用工 1 个月内	用工 1 个月以上 1 年以下	用工 1 年以上
用人单位 不订立	合法状态	1. 不合法状态 2. 用人单位应与劳动者补订书面劳动合同 3. 用人单位向劳动者每月支付双倍工资（起算时间为用工之日起满一个月的次日，截止时间为补订书面劳动合同的前一日）	1. 不合法状态 2. 用人单位应当立即与劳动者补订无固定期限劳动合同 3. 用人单位应自用工之日起满一个月的次日至满一年的前一日向劳动者每月支付两倍的工资
劳动者 不订立	1. 书面通知劳动者 2. 应当书面通知劳动者终止劳动关系	1. 不合法状态 2. 用人单位应当书面通知劳动者终止劳动关系 3. 用人单位应向劳动者支付经济补偿	法律未作规定

自用工之日起一个月内，经用人单位书面通知后，劳动者不与用人单位订立书面劳动合同的，用人单位应当书面通知劳动者终止劳动关系，无须向劳动者支付经济补偿，但是应当依法向劳动者支付其实际工作时间的劳动报酬。

用人单位自用工之日起超过一个月不满一年未与劳动者订立书面劳动合同的，应当向劳动者每月支付两倍的工资（起算时间为用工之日起满一个月的次日，截止时间为补订书面劳动合同的前一日），并与劳动者补订书面劳动合同；劳动者不与用人单位订立书面劳动合同的，用人单位应当书面通知劳动者终止劳动关系，并依照法律规定支付经济补偿。

用人单位自用工之日起满一年未与劳动者订立书面劳动合同的，自用工之日起满一个月的次日至满一年的前一日应当向劳动者每月支付两倍的工资，并视为自用工之日起满一年的当日已经与劳动者订立无固定期限劳动合同，应当立即与劳动者补订书面劳动合同。

案例

劳动者拒不签订劳动合同，企业应及时终止劳动关系

张某于某年1月中旬进入某物业公司从事安保工作，物业公司于当年3月26日与张某签订了劳动合同。后张某于当年11月提出辞职，但是要求物业公司支付当年2月1日至3月25日未签劳动合同的双倍工资。物业公司称，该公司曾于当年2月1日前集中组织保安部1月新入职人员签订劳动合同，但是张某无故拖延，直到3月26日才签订，而其他人员都于当年2月1日前签订了劳动合同。因此物业公司主张，未签劳动合同的责任不在公司，而在张某，公司不应支付未签劳动合同的双倍工资。

《劳动合同法》强调了签订书面劳动合同的时间，对于未签劳动合同的情形，要求用人单位承担不利的法律后果，而并不区分未签劳动合同是用人单位的责任还是劳动者的责任，以此来解决用人单位不及时与劳动者订立劳动合同的问题。但是，劳动合同的签订需要劳动者和用人单位双方形成合意，在实际执行中，又出现了因劳动者个人原因，故意拖延与用人单位签订劳动合同的情况。因此，《劳动合同法实施条例》对因劳动者原因不签订劳动合同的情况做出了规定，劳动者以获取双倍工资为目的，故意拖延不订立劳动合同的，用人单位要及时终止劳动关系，避免损失的进一步扩大。《劳动合同法实施条例》之所以这样规定，主要在于用人单位仍然是劳动合同订立的主导一方，如果的确为劳动者不愿意订立劳动合同的，用人单位应在规定的时间内及时

终止劳动关系。规定这个时限，也是为了督促用人单位及时履行管理职权，加强劳动合同管理，避免无劳动合同事实长期存在。

三、订立劳动合同的程序

劳动者和用人单位订立劳动合同时，应遵循一定的步骤，履行相关的手续。订立劳动合同的程序一般包括以下几个步骤。

（一）草拟劳动合同文本

在劳动合同签订之前，首先要由一方提供劳动合同文本。劳动合同文本的草拟工作通常由用人单位承担。在实践中，各地劳动行政部门也向社会发布劳动合同示范文本，用人单位也可以采用。但是，即使使用劳动合同示范文本，用人单位也要结合本单位的实际将文本的空白内容补充完整，并且视需要适当增加补充条款。

（二）签发"签订劳动合同通知书"

签发"签订劳动合同通知书"，是用人单位向劳动者表明要签订劳动合同的意向及告知劳动者确定的劳动合同签订时间。如果不是自用工之日起一个月内签订劳动合同，而是在用工之日签订劳动合同，这个通知书应在给劳动者发入职通知书时即交给劳动者，并要求劳动者在回执上签字。

（三）双方协商

劳动合同文本只是用人单位一方单方面的意思表示，劳动合同中的所有内容均要与劳动者进行协商后确定，包括劳动合同期限、工作任务、劳动报酬、劳动条件等。协商的内容必须做到明示、清楚、具体、可行，充分表达双方的真实意愿和要求，经过讨论、研究，相互让步，最后达成一致意见。在双方协商一致后，协商即告结束。

（四）签字盖章

在认真阅读劳动合同文书并确认没有分歧后，双方签字盖章。根据《劳动合同法》的规定，劳动合同签字或盖章后生效，因此，作为用人单位，是选择签字还是盖章，或是既签字又盖章，由单位自定。代表单位签字的应为用人单位的法定代表人或者其书面委托的代理人。如果用人单位委托人力资源部相关人员签字的，一定要有书面的授权委托书。订立劳动合同可以约定生效时间。没有约定的，以当事人签字或盖章的时间为生效时间。当事人签字或者盖章时间不一致的，以最后一方签字或者盖章的时间为准。劳动合同经用人单位与劳动者在劳动合同文本上签字或者盖章生效。劳动合同文本由用人单位和劳动者各执一份。

四、订立劳动合同的其他注意事项

（一）特殊人员无须订立劳动合同

实践中，用人单位由于多种原因会招用一些特殊人员，如超过法定退休年龄的人员或者勤工俭学的在校生。

1. 退休人员

退休人员是指已经达到法定退休年龄的人员，从法律上来讲，这类人员不再具备与用人单位订立劳动合同的资格，即使订立了，这份劳动合同也没有法律效力。在实践中，用人单位仍然可以招用退休人员并向其支付报酬，只是双方的关系会被认定为劳务关系。

2. 勤工俭学的在校生

在校生利用业余时间进行勤工俭学活动，不视为就业，并没有与用人单位建立劳动关系，因此用人单位无须与其签订劳动合同，即使勤工俭学的在校生已经达到法定最低劳动年龄。用人单位可以与勤工俭学的在校生就某些事项签订书面协议，如约定勤工俭学期间的责任分担，这类协议也不能被认定为劳动合同。

（二）注意禁止用人单位设定担保和收取抵押金

《劳动合同法》明确规定，用人单位招用劳动者，不得扣押劳动者的居民身份证和其他证件，不得要求劳动者提供担保或者以其他名义向劳动者收取财物。一些用人单位担心招用到不守法的劳动者，会带来不可挽回的损失，从而通过设定担保和收取抵押金的方式来避免风险。我国是一个劳动力大国，如果法律不对用人单位此类行为加以限制的话，会导致很多劳动者因为提供不了担保或者不愿意缴纳抵押金而失去就业机会。因此，《劳动合同法》同时规定，用人单位违反法律规定，扣押劳动者居民身份证等证件的，由劳动行政部门责令限期退还劳动者本人，并依照有关法律规定给予处罚；用人单位违反法律规定，以担保或者其他名义向劳动者收取财物的，由劳动行政部门责令限期退还劳动者本人，并以每人500元以上2 000元以下的标准处以罚款；给劳动者造成损害的，应当承担赔偿责任。

五、事实劳动关系的确认和处理

事实劳动关系是指用人单位与劳动者没有订立书面劳动合同，但双方实际履行了劳动权利义务而形成的劳动关系。

在实践中，可能出现由于各种原因而没有签订书面劳动合同，但是已经存在实际用工行为的情况。例如，从用工起就没有订立劳动合同；原劳动合同期限届满却没有续订或者劳动合同被确认为无效又没有重新签订，但仍维持用工状态等。在这些情况下，劳动者为用人单位提供劳动，接受用人单位的管理，遵守用人单位的劳动纪律，获得用人单位支付的劳动报酬，受到用人单位的劳动保护等。

事实劳动关系虽然缺乏书面劳动合同这一法律要件，但仍然受到法律的保护，因此，想通过不订立劳动合同的方式来达到不受法律约束的目的是无法实现的。不过，由于没有劳动合同作为强有力的证据支持，则要通过其他证据来证明事实劳动关系的存在，方可受到法律的保护。

延伸阅读

劳动和社会保障部关于确立劳动关系有关事项的通知（节选）

2005年5月25日　劳社部发〔2005〕12号

一、用人单位招用劳动者未订立书面劳动合同，但同时具备下列情形的，劳动关系成立。

（一）用人单位和劳动者符合法律、法规规定的主体资格；

（二）用人单位依法制定的各项劳动规章制度适用于劳动者，劳动者受用人单位的劳动管理，从事用人单位安排的有报酬的劳动；

（三）劳动者提供的劳动是用人单位业务的组成部分。

二、用人单位未与劳动者签订劳动合同，认定双方存在劳动关系时可参照下列凭证：

（一）工资支付凭证或记录（职工工资发放花名册）、缴纳各项社会保险费的记录；

（二）用人单位向劳动者发放的“工作证”、“服务证”等能够证明身份的证件；

（三）劳动者填写的用人单位招工招聘“登记表”、“报名表”等招用记录；

（四）考勤记录；

（五）其他劳动者的证言等。

其中，（一）、（三）、（四）项的有关凭证由用人单位负举证责任。

第二单元　职工信息与劳动合同档案管理

知识要求

一、职工名册

职工名册，是用人单位制作的用于记录本单位职工基本情况的管理文件，其内容应当包括职工姓名、性别、公民身份号码、户籍地址及现住址、联系方式、用工形式、用工起始时间、劳动合同期限等内容。建立职工名册是用人单位的法定义务。单位招用新员工应及时将其基本情况录入职工名册。

二、入职登记表

入职登记表是记载入职劳动者的基本信息的文件。法律虽然没有明确规定用人单位必须建立入职登记表档案，但是在实践中，入职登记表对于劳动关系管理工作具有非常重要的意义。入职登记表通常应当由劳动者亲自填写并签字确认，这样才能将劳动者基本信息固定下来。当劳动者提供虚假信息影响劳动合同的效力时，用人单位可以将入职登记表作为证据使用来追究劳动者的责任。

需要注意的是，入职登记表不能直接代替职工名册，用人单位将每一位职工的基本信息汇总之后才能形成职工名册，当然，入职登记表可以成为建立职工名册的重要信息来源。入职登记表也不能代替劳动合同，它只承担劳动者提供信息、用人单位获取信息的功能，并不完全具备劳动合同应有的法定条款和常见的约定条款。

三、劳动合同文本保管

《劳动合同法》对书面劳动合同加以强调，即用人单位用工必须与劳动者签订书面劳动合同，如果用人单位用工不签订书面劳动合同，要面临支付劳动者双倍工资的风险。《劳动合同法》的这些规定，其实还暗含了用人单位的另一责任，即用人单位应当能拿出证据证明与劳动者签订了劳动合同。如果用人单位在用工过程中确实与劳动者已经订立劳动合同，但是由于用人单位保管不善，导致劳动合同文本丢失或者损毁，劳动者又故意隐匿自己的劳动合同，提出未签劳动合同的双倍工资等诉求时，用人单位则要承担败诉风险。因此，劳动合同文本的保管十分必要。

同时，《劳动合同法》第五十条还规定：“用人单位对已经解除或者终止的劳动合同的文本，至少保存二年备查。”由此可见，法律对于用人单位保留劳动合同文本的时间也有明确要求，即劳动关系存续期间，劳动合同文本必须予以保留；对于已经解除或者终止的劳动合同，文本也至少应当再保存 2 年。

技能要求

一、建立入职登记表

职工入职登记表本身没有固定的格式，凡是用人单位想了解的与劳动合同有关的情况，只要不涉及劳动者个人隐私，均可以在入职登记表中有所体现。各单位情况不一样，对劳动者的基本情况要求也不一样，所以，入职登记表的内容也有所不同。法律对入职登记表并没有规定统一的格式要求，但同一用人单位宜采用统一格式，以便提高管理工作的效率。

表 2-2 为职工入职登记表示例，供参考。

表 2-2　　职工入职登记表示例

<table>
<tr><td>姓名</td><td></td><td>性别</td><td></td><td rowspan="6">照片</td></tr>
<tr><td>出生日期</td><td></td><td>民族</td><td></td></tr>
<tr><td>政治面貌</td><td></td><td>婚姻状况</td><td></td></tr>
<tr><td>身份证号码</td><td colspan="3"></td></tr>
<tr><td>户籍地</td><td></td><td>联系电话</td><td></td></tr>
<tr><td>通信地址</td><td></td><td>邮政编码</td><td></td></tr>
<tr><td>第二通信地址</td><td></td><td>紧急联络人
及其联系电话</td><td colspan="2"></td></tr>
<tr><td>最高学历</td><td></td><td>毕业院校</td><td colspan="2"></td></tr>
<tr><td>专业</td><td></td><td>语言</td><td colspan="2"></td></tr>
<tr><td>身体状况</td><td></td><td>爱好</td><td colspan="2"></td></tr>
<tr><td colspan="5">本人家庭关系</td></tr>
</table>

称谓	姓名	出生日期	工作单位	联系电话

本人教育经历

教育时间	就读学校及专业	证明人	证明人联系电话

本人工作经历

工作时间	就职单位	职务	离职原因	证明人及其联系电话

续表

其他情况的自我说明	
与其他单位有无竞业限制协议	
档案存放地	
社会保险情况	
人力资源部门意见	

特别说明：

1. 本人承诺上表所填事项均真实可靠，愿接受公司对表内资料的核实，如有虚假、隐瞒或故意遗漏而致使公司与本人订立劳动合同的，公司有权解除劳动合同。

2. 本人承诺本人通信地址与紧急联络人的联络方式如有变更，应在3日内及时通知公司，而在此期间或之后因未变更相关联络方式导致相关文书不能送达的，相关责任的法律后果由本人承担。

填表人：

年　　月　　日

二、管理劳动合同档案

管理劳动合同档案，是指对劳动合同文本和劳动合同信息进行管理并提供使用服务的各项工作的总称。劳动合同档案管理既包括纸质文本的保管，也包括相关电子信息的管理。其目的是保证劳动合同完整、有序的存档，在需要使用时能够准确、快捷地找出相关劳动合同文本。劳动合同档案管理的程序主要包括劳动合同档案材料的收集、劳动合同的分类归档、明细目录的编制以及档案编码的编制。

劳动合同档案管理的具体范围包括：①入职登记表；②法人代表委托代理人的委托书；③劳动合同及补充合同，如岗位合同、专项协议等；④劳务合同；⑤劳动合同的变更、终止、解除、续订的凭证文件及材料；⑥劳动争议处理材料，如仲裁申请书、起诉书、旁证材料、调解书、裁定书、判决书等；⑦劳动者违纪、违法的处理材料；⑧其他涉及正确执行合同，维护权益，解决劳动争议的有关凭证材料。

在劳动合同档案管理的日常工作过程中，应注意：①归档的劳动合同份数为一份，但必须是原件，出于人力资源部门日常工作参考的需要，可以将原件归档，复印件提供使用；②根据实际工作需要，严格限制参与管理劳动合同档案的人员，以免档案资料散存于个人手中，造成遗失或泄密。

三、劳动合同文本保管的风险防范

用人单位的劳动合同文本如果保管不善的话将会面临很大的用工风险，为了防范此类风险，可以采取以下措施。

（一）劳动合同一式多份，分别保管

《劳动合同法》第十六条规定，劳动合同文本由用人单位和劳动者各执一份。从法律规定来看，劳动合同文本一式两份即可，用人单位保留一份，劳动者保留一份。实践中，很多用人单位并不把劳动合同文本当作重要文件来保管，丢失损毁的情况时有发生。为了避免这种风险，用人单位可以采用劳动合同一式多份的办法，即用人单位留存一份以上的劳动合同文本，除了按照常规由人力资源部门保管劳动合同文本外，工会或者其他相关部门也保留一份劳动合同文本，以备不时之需。

（二）让劳动者签字确认领取劳动合同文本

劳动合同一式多份的做法并非适用于任何用人单位，尤其是用工规模较大，劳动合同文本数量多的用人单位，多复制一份劳动合同文本会有较高成本。因此，用人单位还可以采用让劳动者领取劳动合同文本时签字的办法，让劳动者确认已经获得劳动合同文本以及日期，当劳动合同文本意外丢失或损毁时，可以用劳动者的签字确认记录来证明用人单位已经与劳动者签订劳动合同。

第二节　劳动合同的履行和变更

第一单元　劳动合同的履行

知识要求

一、劳动合同履行的概念

劳动合同的履行，是指合同双方当事人履行劳动合同所规定的义务的法律行为，也即劳动者和用人单位按照劳动合同的要求，共同实现劳动过程和各自的合法权益。劳动合同依法订立就必须履行，这既是《劳动法》赋予合同双方当事人的义务，也是劳动合同对合同双方当事人具有法律约束力的主要表现。

二、劳动合同履行的原则

劳动合同的履行，应遵循以下三项原则。

（一）亲自履行原则

劳动合同双方当事人都必须以自己的行为履行各自依据劳动合同所承担的义务，而不得由他人代理。其中，劳动者的义务只能由本人履行，用人单位的义务只能由单位行政管理机构和管理人员在其职责范围内履行。

（二）全面履行原则

《劳动合同法》第二十九条规定："用人单位与劳动者应当按照劳动合同的约定，全面履行各自的义务。"从而确立了劳动合同的全面履行原则。劳动合同的内容是一个整体，合同条款之间的内在联系不能割裂。合同当事人必须履行合同的全部条款和各自承担的全部义务，既要按照合同约定的标的及其种类、数量和质量履行，又要按照合同约定的时间、地点和方式履行。

（三）协作履行原则

劳动关系是一种需要用人单位和劳动者合作才能够顺利实现

的社会关系，劳动关系和谐是劳动合同双方顺利履行合同义务的前提。因此，在劳动合同履行过程中，双方当事人应当相互理解，为对方履行劳动合同创造条件。

延伸阅读

协作履行劳动合同应注意的问题

实践中，劳动合同履行最容易被忽视的问题就是协作履行原则。用人单位和劳动者在履行劳动合同时，应特别注意以下问题：

1. 双方当事人首先应按照劳动合同的约定来履行己方的义务，并为对方履行义务创造条件。

2. 双方当事人应互相关心，通过生产管理和民主程序互相督促，发现问题及时处理。

3. 无论用人单位还是劳动者遇到问题时，一方应在法律允许的范围内给予对方帮助，协助对方尽快解决问题。

4. 劳动者违反劳动纪律，用人单位应当依法进行教育，帮助劳动者改正；用人单位违反劳动合同约定时，劳动者应及时发现问题，并设法防止和减少损失。

5. 如果在劳动合同履行过程中发生争议，双方都应该从大局出发，根据法律规定并结合实际，积极进行协商解决。

三、劳动合同履行期间的特殊阶段和特殊情形

（一）试用期

试用期，是指包含在劳动合同期限内的，劳动关系处于不稳定状态，用人单位对劳动者是否合格进行考核，同时劳动者对用人单位是否适合自己也进行了解的期限。

试用期包含在劳动合同期限内，通常于劳动合同的生效日期开始计算。试用期的长短由用人单位和劳动者约定，但不能超过法律规定的最长限度。用人单位和劳动者约定试用期的目的在于验证并确认劳动者的能力及相关条件是否真正符合用人单位的要求，测评招聘工作的效能指标，并改进招聘管理工作的不足之处。

通过试用期，用人单位可以及时发现不合格劳动者，及早采取相关措施，控制不必要的成本支出。同时，在试用期间用人单位通过管理、培训，让合格劳动者全面了解企业文化、管理风格、工作内容和工作要求，使其基本能够独立上岗操作并达到岗位要求。

（二）医疗期

医疗期是指企业职工因患病或非因工负伤停止工作治病休息不得解除劳动合同的时限。《企业职工患病或非因工负伤医疗期规定》第三条规定，企业职工因患病或非因工负伤，需要停止工作医疗时，根据本人实际参加工作年限和在本单位工作年限，给予3个月到24个月的医疗期。《关于贯彻执行〈中华人民共和国劳动法〉若干问题的意见》第七十六条规定，患特殊疾病的职工在2年内尚不能痊愈的，经企业和劳动行政部门批准可适当延长医疗期。如果规定的医疗期届满，但劳动者的病伤尚未医疗终结或者医疗终结而其劳动能力受损，经劳动能力鉴定机构证明，缺乏或丧失从事原工作或者用人单位在现有条件下为其所安排新工作的劳动能力。

（三）女职工“三期”

女职工“三期”是女职工孕期、产期和哺乳期的合称。女职工在“三期”期间，享受特别的劳动保护措施。对于在孕期和哺乳期的女职工，其劳动合同的解除和终止也有特别规定。

对“三期”女职工特殊的劳动保护措施具体包括：用人单位应当将本单位属于女职工禁忌从事的劳动范围的岗位书面告知女职工。用人单位不得因女职工怀孕、生育、哺乳降低其工资、予以辞退、与其解除劳动合同。女职工在孕期不能适应原劳动的，用人单位应当根据医疗机构的证明，予以减轻劳动量或者安排其他能够适应的劳动。对怀孕7个月以上的女职工，用人单位不得延长劳动时间或者安排夜班劳动，并应当在劳动时间内安排一定的休息时间。怀孕女职工在劳动时间内进行产前检查，所需时间计入劳动时间。女职工生育享受98天产假，其中产前可以休假15天；难产的，增加产假15天；生育多胞胎的，每多生育1个婴儿，增加产假15天。女职工怀孕未满4个月流产的，享受15天产假；怀孕满4个月流产的，享受42天产假。女职工产假期间的生育津贴，对已经参加生育保险的，按照用人单位上年度职工月平均工资的标准由生育保险基金支付；对未参加生育保险的，按照女职工产假前工资的标准由用人单位支付。女职工生育或者流产的医疗费用，按照生育保险规定的项目和标准，对已经参加生育保险的，由生育保险基金支付；对未参加生育保险的，由用人单位支付。

（四）工伤和职业病

1. 工伤、职业病的范围

（1）工伤认定范围

《工伤保险条例》第十四条规定，职工有下列情形之一的，应认定为工伤：①在工作时间和工作场所内，因工作原因受到事故伤害的；②工作时间前后在工作场所内，从事与工作有关的预备性或者收尾性工作受到事故伤害的；③在工作时间和工作场所内，因履行工作职责受到暴力等意外伤害的；④患职业病的；⑤因工外出期间，由于工作原因受到伤害或者发生事故下落不明的；⑥在上下班途中，受到非本人主要责任的交通事故或者城市轨道交通、客运轮渡、火车事故伤害的；⑦法律、行政法规规定应当认定为工伤的其他情形。

（2）视同工伤的范围

《工伤保险条例》第十五条规定的视同工伤的情形有：①在工作时间和工作岗位，突发疾病死亡或者在48小时之内经抢救无效死亡的；②在抢险救灾等维护国家利益、公共利益活动中受到伤害的；③职工原在军队服役，因战、因公负伤致残，已取得革命伤残军人证，到用人单位后旧伤复发的。

（3）不属于工伤的范围

《工伤保险条例》第十六条规定，职工由于下列情形之一而造成的伤亡，不应认定为工伤或者视同工伤：①故意犯罪的；②酗酒或者吸毒的；③自残或者自杀的。

（4）职业病范围

职业病一般是指劳动者在劳动过程中接触职业性有害因素所导致的疾病。它同特定职业密切联系，属于职业性有害因素对劳动者健康的慢性伤害。我国法定的职业病范围，依照《职业病分类和目录》的规定，包括职业性尘肺病及其他呼吸系统疾病、职业性皮肤病、职业性眼病、职业性耳鼻喉口腔疾病、职业性化学中毒、职业性放射性疾病、物理因素所致职业病、职业性传染病、职业性肿瘤、其他职业病等 10 类，共 132 种。随着经济的发展、科技的进步和劳动卫生工作的加强，职业病范围将逐步扩大。

2. 工伤、职业病伤残等级

致残和死亡是工伤后果的两种主要形式。《劳动能力鉴定　职工工伤与职业病致残等级》（GB/T 16180—2014）按照职工伤残后丧失劳动能力程度和护理依赖程度将工伤与职业病致残划分为十个等级，因工死亡包括因工伤事故或职业中毒直接导致死亡、工伤或职业病医疗期间死亡、工伤旧伤复发或职业病旧病复发死亡，以及因工致残（一级至四级）享受伤残补助金期间死亡。

3. 工伤、职业病期间的待遇

根据《工伤保险条例》第三十三条的规定，职工因工作遭受事故伤害或者患职业病需要暂停工作接受工伤医疗的，在停工留薪期内，原工资福利待遇不变，由所在单位按月支付。停工留薪期一般不超过 12 个月。伤情严重或者情况特殊，经设区的市级劳动能力鉴定委员会确认，可以适当延长，但延长不得超过 12 个月。工伤职工评定伤残等级后，停发原待遇，按照有关规定享受伤残待遇。工伤职工在停工留薪期满后仍需治疗的，继续享受工伤医疗待遇。生活不能自理的工伤职工在停工留薪期需要护理的，由所在单位负责。

职工因工致残待遇因伤残等级不同而有所不同。一般包括一次性伤残补助金、伤残津贴、生活护理费等项。职工因工死亡，其近亲属按照规定享受丧葬补助金、供养亲属抚恤金和一次性工亡补助金。

技能要求

一、试用期管理

（一）试用期的合法性审核

试用期的约定和执行必须符合法律的规定，包括试用期的期限、工资以及是否应当约定试用期等。

《劳动合同法》第十九条规定："劳动合同期限三个月以上不满一年的，试用期不得超过一个月；劳动合同期限一年以上不满三年的，试用期不得超过二个月；三年以上固定期限和无固定期限的劳动合同，试用期不得超过六个月。同一用人单位与同一劳动者只能约定一次试用期。以完成一定工作任务为期限的劳动合同或者劳动合同期限不满三个月的，不得约定试用期。试用期包含在劳动合同期限内。劳动合同仅约定试用期的，试用期不成立，该期限为劳动合同期限。"

《劳动合同法》第二十条规定："劳动者在试用期的工资不得低于本单位相同岗位最低档工资或者劳动合同约定工资的百分之八十，并不得低于用人单位所在地的最低工资标准。"

（二）试用期间的工作管理和行为管理

用人单位对试用期职工工作的安排要尽可能覆盖所要验证的能力范围，使职工能力在各个方面得到具体体现，有问题及时提出并帮助分析原因，找出解决办法，职工表现突出时要及时予以鼓励和支持。同时，用人单位还可以通过观察和必要的干预，考察试用期职工的品行和自控能力，使职工能了解并接受企业文化和行为准则，逐渐引导试用期职工融入团队当中。

（三）试用期满前的考核

试用期满前应当对职工进行一次考核，评定其是否符合所招聘岗位录用条件，并决定是否需要解除劳动合同。上级和人力资源部门要按约定及时进行考核沟通，考核要实事求是、客观公正。职工和考核部门对考核结论进行核实确认并签字。

（四）试用期满后留用的转正手续

职工试用期满经考核合格，用人单位决定留用的，应当及时为其办理转正手续，特别是对于试用期工资与转正后工资不同的，应当及时办理相关手续，以免因手续办理延误造成拖欠工资。

二、医疗期管理

（一）医疗期的计算

《企业职工患病或非因工负伤医疗期规定》第三条规定：①实际工作年限10年以下的，在本单位工作年限5年以下的为3个月；5年以上的为6个月。②实际工作年限10年以上的，在本单位工作年限5年以下的为6个月，5年以上10年以下的为9个月；10年以上15年以下的为12个月；15年以上20年以下的为18个月；20年以上的为24个月。

另外，《企业职工患病或非因工负伤医疗期规定》第四条规定：医疗期3个月的按6个月内累计病休时间计算；6个月的按12个月内累计病休时间计算；9个月的按15个月内累计病休时间计算；12个月的按18个月内累计病休时间计算；18个月的按24个月内累计病休时间计算；24个月的按30个月内累计病休时间计算。可见，医疗期应从病休第一天开始累计计算。比如，享受3个月医疗期的职工，如果从某年1月1日起第一次病休，那么该职工的医疗期应在1月1日至6月30日之间确定，在此期间累计病休3个月即视为医疗期满。其他期限医疗期的计算依此类推。

（二）医疗期的待遇支付

原劳动部《关于贯彻执行〈中华人民共和国劳动法〉若干问题的意见》第五十九条规定，职工患病或非因工负伤治疗期间，在规定的医疗期间内由企业按有关规定支付其病假工资或疾病救济费，病假工资或疾病救济费可以低于当地最低工资标准支付，但不能低于最低工资标准的80%。

（三）医疗期管理的核心内容

医疗期管理的核心内容就是准确记录劳动者因病或非因工负伤，进行治疗康复的病假起止时间。准确记录医疗期，是用人单位依据《劳动合同法》的规定解除劳动合同的前提条件，而且用人单位对此也负有举证责任。

三、女职工“三期”管理

用人单位应当重视女职工的“三期”管理工作，建立统计制度，及时收集和整理享受“三期”女职工的信息，并努力保障其相应待遇的落实。

四、工伤和职业病管理

用人单位应当建立工伤和职业病记录和统计制度，收集和整理工伤和职业病发生的信息，尤其是月度、季度、年度工伤和职业病发生率及其发生原因和变动状况。

工伤和职业病管理，不仅包括工伤和职业病的确认、登记、报告、待遇给付等内容，而且还包括工伤和职业病的防范措施。用人单位应当将工伤和职业病管理与生产管理相结合，并纳入各个生产管理机构的职责和绩效考核范围，建立相应的责任制。

五、劳动合同履行情况的收集整理

在履行劳动合同过程中，劳动关系协调员应当注意收集劳动合同履行的相关情况，及时掌握劳动者和用人单位在履行劳动合同过程中的重要信息，并根据需要采取应对措施。

劳动合同履行过程涉及的事项较多，无法逐一记录在案，劳动关系协调员应当选择那些对双方权利义务会产生影响的事项进行收集整理。例如，劳动者的试用期、医疗期，女职工的“三期”或者工伤职工的停工留薪期等特殊时期，其起止时间以及相应待遇调整等事项，这些通常属于劳动合同履行情况收集整理的范围。又如，劳动者是否胜任工作的情况，用人单位工资支付情况和社会保险费缴纳情况等，这些容易引发劳动争议的事项也应当注意收集整理。

劳动关系协调员收集整理好劳动合同履行情况后，对于需要劳动者配合实施某种行为的事项，需要用人单位在管理措施上进行调整的事项，或者有劳动争议隐患的事项等，都应及时反馈给相关人员并采取应对措施。

第二单元　劳动合同的变更

知识要求

一、劳动合同变更的概念

劳动合同的变更，是指当事人双方或单方依法修改或补充劳动合同内容的法律行为。它发生于劳动合同生效或成立后尚未履行或尚未完全履行期间，是对劳动合同所约定的权利和义务的完善和发展，是确保劳动合同全面履行和劳动过程顺利实现的重要手段。

劳动合同的变更，仅限于劳动合同内容的变更，不包括当事人主体的变更。劳动合同依法订立后，即具有法律约束力，双方当事人必须履行劳动合同规定的义务，任何一方当事人不得擅自改变劳动合同的内容，因此，变更劳动合同和订立劳动合同一样，仍需要遵守合法、公平、平等自愿、协商一致、诚实信用的原则。

劳动合同的变更，是在原劳动合同基础上对合同的部分条款进行修改、增加或者删减，而不是签订新的劳动合同。原劳动合同未变更的条款仍然有效，变更后的条款取代了原合同的相关条款，变更后的条款与原合同中没有变更的其他条款构成一个新的整体，具有同等的法律效力。

二、劳动合同变更的类型

根据《劳动合同法》的规定，用人单位与劳动者协商一致，可以变更劳动合同约定的内容。变更劳动合同，应当采用书面形式。变更后的劳动合同文本由用人单位和劳动者各执一份。协商变更一般是由一方当事人就劳动合同的期限、约定薪酬、工作岗位、工作地点等内容向另一方提出变更要求，双方在协商一致的基础达成变更协议，并且应当采用书面形式。

根据劳动合同变更的原因，可以划分为因生产经营需要而发生的劳动合同变更以及作为解除劳动合同前置程序的劳动合同变更。

因生产经营需要而发生的劳动合同变更是指用人单位因生产经营的需要而调整劳动者的工作岗位、工作地点、工资水平等单方面变更劳动合同的行为，也被称为用人单位的调岗、调薪行为。

作为解除劳动合同前置程序的劳动合同变更则指在下列三种情形下，依据我国《劳动合同法》的规定，用人单位可以和劳动者协商变更工作岗位，如果劳动者拒绝变更，则用人单位可以依法解除劳动合同并支付相应的经济补偿：①劳动者患病或者非因工负伤，在规定的医疗期满后不能从事原工作的；②劳动者不能胜任工作的；③劳动合同订立时所依据的客观情况发生重大变化，致使劳动合同无法履行的。

技能要求

一、协商变更劳动合同的程序

协商变更劳动合同时，一般通过以下程序进行：

第一，一方提出要求。要求变更劳动合同的一方当事人，应事先向对方提出，并说明情况和理由，请对方在限期内答复。

第二，另一方做出答复。接到变更劳动合同要求的另一方当事人，应在规定的限期内给予答复，表示同意或者不同意变更，或者提出建议再协商解决。

第三，双方签订协议。双方当事人达成一致意见后，签订变更劳动合同的书面协议，经签字盖章后生效。需要注意的是，变更书面的劳动合同必须采用书面的形式，双方当事人的口头协议不能达到变更书面劳动合同的效果。变更后的劳动合同文本，由劳动者和用人单位各执一份。

二、用人单位变更劳动合同的注意事项

劳动合同变更应当在合同有效期内进行。劳动合同变更应该遵循平等自愿、协商一致的原则，不得违反法律、行政法规的规定，双方只能在法律允许的范围内提出自己的条件。劳动合同变

更要依照法定程序进行。可依法向对方提出变更劳动合同的建议，说明要修改的条款和变更理由，并给对方一个合理的答复时间。对方当事人在限期内予以答复并表示同意变更的，双方当事人即可就有关变更内容协商一致后，订立书面协议，双方签字盖章，变更协议即生效。劳动合同变更后的新条款取代原条款，原条款失去法律效力，未予变更的旧条款依然有效。

第三节　劳动合同的解除、终止和续订

第一单元　劳动合同的解除

知识要求

一、劳动合同解除的概念

劳动合同的解除是指在劳动合同依法订立之后，尚未全部履行之前，由于一定法律事实的出现，合同双方当事人或一方当事人依法提前终结劳动合同的法律效力的行为。

劳动合同解除的内涵包括以下几个方面：

第一，解除劳动合同的行为必须发生在劳动合同依法订立以后，尚未履行之前。因为劳动合同即使已经订立，但在没有生效以前，合同所约定的权利义务对当事人不会产生约束力。如果劳动合同全部履行，其所规定的权利义务关系已经全部实现，那么劳动合同的约束力就不存在了，因而也无须再解除了。

第二，劳动合同的解除可以是双方当事人的法律行为，即双方当事人协商解除劳动合同；也可以是单方的法律行为，即一方当事人依法单方面解除劳动合同。这与劳动合同的订立或变更不同，劳动合同的订立或变更必须是双方当事人的法律行为，必须经过双方当事人的协商一致。

第三，劳动合同解除的实质是提前结束合同的法律效力，即

提前消灭双方当事人之间的劳动权利义务关系，其后果就是使当事人之间的劳动关系提前结束。

二、解除劳动合同的主要类型

（一）双方协商一致解除

《劳动法》和《劳动合同法》都规定，劳动合同经双方协商一致，可以解除。因此，只要不违背法律的强制性规定，不损害国家、社会和他人的合法权益，经劳动合同双方当事人协商一致，即可以解除劳动合同。

（二）劳动者单方解除

根据法律规定，劳动者可以单方提出解除劳动合同，即劳动者在行使此项权利时，无须得到用人单位的同意，就可以达到解除劳动合同的目的。具体又分为四种情况。

1. 通常情况下，劳动者需要提前 30 天书面通知用人单位解除劳动合同。

2. 在试用期内，劳动者需要提前 3 天通知用人单位解除劳动合同。

3. 用人单位有下列情形之一的，劳动者可以解除劳动合同，不需要提前通知。这些情形包括：

（1）用人单位未按照劳动合同的约定提供劳动保护或者劳动条件的；

（2）用人单位未及时足额支付劳动报酬的；

（3）用人单位未依法为劳动者缴纳社会保险费的；

（4）用人单位的规章制度违反法律、法规的规定，损害劳动者合法权益的；

（5）用人单位以欺诈、胁迫的手段或者乘人之危，使劳动者在违背真实意思的情况下订立或者变更劳动合同致使劳动合同无效的；

（6）法律、行政法规规定劳动者可以解除劳动合同的其他情形。

4. 用人单位以暴力、威胁或者非法限制人身自由的手段强迫劳动者劳动的，或者用人单位违章指挥、强令冒险作业危及劳动者人身安全的，劳动者可以立即解除劳动合同，不需事先告知用人单位。

（三）用人单位单方解除

1. 劳动者有下列情形之一的，用人单位可以解除劳动合同，无须提前通知：

（1）劳动者在试用期间被证明不符合录用条件的；

（2）劳动者严重违反用人单位规章制度的；

（3）劳动者严重失职、营私舞弊，给用人单位造成重大损害的；

（4）劳动者同时与其他用人单位建立劳动关系，对完成本单位的工作任务造成严重影响，或者经用人单位提出，拒不改正的；

（5）劳动者以欺诈、胁迫的手段或者乘人之危，使用人单位在违背真实意思的情况下订立或者变更劳动合同致使劳动合同无效的；

（6）劳动者被依法追究刑事责任的。

需要注意的是，上述事项都有一个共同特点，即劳动者有重大过错，因此用人单位可以行使单方解除劳动合同的权利。但是法律对用人单位的这种权利是严格限制的，并没有规定用人单位可以扩大使用此项权利的弹性条款。

2. 有下列情形之一的，用人单位提前 30 日以书面形式通知劳动者本人或者额外支付劳动者一个月工资后，可以解除劳动合同：

（1）劳动者患病或者非因工负伤，在规定的医疗期满后不能从事原工作，也不能从事由用人单位另行安排的工作的；

（2）劳动者不能胜任工作，经过培训或者调整工作岗位，仍不能胜任工作的；

（3）劳动合同订立时所依据的客观情况发生重大变化，致使劳动合同无法履行，经用人单位与劳动者协商，未能就变更劳动合同内容达成协议的。

3. 当用人单位出现下列情形时，可以实施经济性裁员：

（1）依照《企业破产法》规定进行重整的；

（2）生产经营发生严重困难的；

（3）企业转产、重大技术革新或者经营方式调整，经变更劳动合同后，仍需裁减人员的；

（4）其他因劳动合同订立时所依据的客观经济情况发生重大变化，致使劳动合同无法履行的。

三、劳动合同的解除文书

劳动合同的解除文书是劳动关系当事人就劳动合同解除制作的法律文件。劳动合同解除文书的类型与劳动合同解除的情形有直接的对应关系，不同情形对应不同的文书。具体而言，协商解除劳动合同对应的是“解除劳动合同协议书”，劳动者单方提出解除劳动合同对应的是“辞职通知书”，用人单位单方提出解除劳动合同对应的是“辞退通知书”（二者可统一为“解除劳动合同通知书”）。在办理解除劳动合同手续时，用人单位还应当为劳动者出具“解除劳动合同证明书”。

劳动合同解除文书在实践中具有重要意义，主要表现在以下两个方面。

1. 它是区分劳动合同解除类型的依据

劳动合同解除类型复杂，涉及不同的条件、程序和法律后果。劳动合同解除文书就是区分劳动合同解除类型的关键。根据劳动合同解除文书，就能判断出劳动合同解除的法定条件和依据，从而厘清劳动者和用人单位各自的权利和义务。

2. 它是处理劳动争议的重要证据

劳动合同解除文书是处理劳动争议的重要证据。劳动合同解除文书直接影响劳动争议处理结果。不同的劳动合同解除类型对应不同的规则，实践中，无论劳动争议仲裁机构还是司法机关，都是通过劳动合同解除文书来判断劳动合同解除的类型，从而适用不同的规则。

技能要求

一、劳动合同解除文书的制作要求

（一）解除劳动合同协议书

1. 解除劳动合同协议书应当明确由哪一方首先提出解除劳动合同的意思表示，这涉及用人单位是否应当向劳动者支付经济补偿。

2. 解除劳动合同协议书不必说明解除劳动合同的理由，这对劳动关系没有什么影响。

3. 解除劳动合同协议书应当明确解除合同时间，这涉及劳动关系终结的时间以及相应的工资支付问题。

4. 解除劳动合同协议书应当明确经济补偿的数额及支付方式，并尽可能详细说明计算标准，避免争议的发生。

（二）解除劳动合同通知书

1. 解除劳动合同通知书可以是用人单位发出送达给劳动者的，也可以是劳动者发出送达给用人单位的。无论由谁发出，解除劳动合同通知书都起到单方提出解除劳动合同的效果，因此必须完整说明解除理由。解除理由是否符合法律规定影响一方提出解除合同的效力。

2. 解除劳动合同通知书应当明确解除劳动合同的时间，这涉及劳动关系终结的时间以及工资支付、劳动争议时效起算等事项。

3. 解除劳动合同通知书还可以说明基本事实，但必须是用人单位有证据可以证明的事实，如果没有证据能够证明，那么所述事项在法律上也是毫无意义的。

4. 解除劳动合同通知书不必过于详细，但应当文意清楚，没有歧义。

（三）解除劳动合同证明书

劳动合同被解除后，用人单位应当出具解除劳动合同的证明，以作为劳动者求职、享受失业保险待遇和失业登记的凭证。证明书应写明劳动合同期限、解除的日期、工作岗位、在本单位的工作年限等。如果劳动者要求，用人单位可在证明中客观地说明解除劳动合同的原因。

二、劳动合同解除文书的送达

制作好劳动合同解除文书后，还应送达对方，否则无法产生相应的法律效力。需要注意的是，劳动合同解除文书除了要送达对方外，还要保留相关证据，证明曾经送达对方，这一点对于用人单位而言尤其重要。

（一）送达方式

关于送达方式，一般参考民事诉讼中的送达方式。下面以用人单位将相关文书送达劳动者为例进行说明。

1. 直接送达。直接送达，是指用人单位将需要送达的文书直接交给受送达的劳动者或者他的成年家属。需要注意的是，直接送达最好也要受送达方签署书面的回执，以证明对方收到了相关文件，否则一旦发生争议，用人单位很难举证。

2. 留置送达。留置送达，是指在向受送达人递交需要送达的文书时，受送达人拒绝签收，用人单位将法律文书留在受送达人住所的方式。如果采用这种方式，说明劳动者与用人单位已经发生争议。

3. 委托送达。如果用人单位直接送达文书有困难，可以委托他人将需要送达的文书送达劳动者。如果对受托人的可靠性有怀疑，则不宜采用此种送达方式。

4. 邮寄送达。如果用人单位直接送达文书有困难，可以通过邮局用挂号信或者特快专递的形式进行邮寄送达。邮寄送达是实践中比较常用的送达方式，既简单又有效。需要注意的是，用人单位在邮寄文书时，一定要在相应单据上注明“解除劳动合同文书”，否则如果劳动者进行否认，用人单位则很难证明邮寄文件的内容。

5. 公告送达。如果受送达人下落不明，用人单位采用上述几种方式均不能有效送达解除劳动合同文书，则可以采用公告送达的方式，即将需要送达的文书内容进行公告，公告经过一定期限即产生送达的法律后果。根据《民事诉讼法》的规定，自发出公告之日起，经过 60 日，即视为送达。

（二）送达的时间要求

劳动合同解除的类型不同，法律对于劳动合同解除文书送达的时间要求也是不同的。

协商解除劳动合同的，对于解除协议的送达时间无要求，随时都可以送达对方。

用人单位即时通知解除劳动合同的，因不需要提前通知，也可以随时送达劳动者；用人单位预告解除劳动合同的，需要提前 30 天将辞退通知书送达劳动者，否则需要另外支付给劳动者一个月的工资作为代通知金；用人单位进行经济性裁员的，只要履行法定的程序即可，对于解除劳动合同文书送达的时间也没有具体要求。

劳动者提前通知解除劳动合同的，应当提前 30 天将辞职通知书送达用人单位，否则由此给用人单位造成损失的，用人单位可以向劳动者主张损害赔偿；劳动者随时通知解除劳动合同的，可以随时向用人单位送达辞职通知书；劳动者无须通知立即解除劳动合同的，不需要向用人单位送达辞职通知书。

第二单元　劳动合同的终止

知识要求

一、劳动合同终止的概念及原因

劳动合同的终止，是指因某种法定情形的出现导致劳动合同丧失约束力。

与民事合同不同，劳动合同中禁止约定终止条件，也就是说，劳动合同的终止，只能是法律规定的情形导致的。这些情形包括以下六种。

（一）劳动合同期满

劳动合同期限届满，是最常见的导致劳动合同终止的情形，主要适用于固定期限的劳动合同和以完成一定工作任务为期限的劳动合同。劳动合同期满，除了依法续订的劳动合同和依法顺延的劳动合同外，劳动者和用人单位的权利义务终止。

（二）劳动者开始依法享受基本养老保险待遇的

通常情况下，劳动者达到法定退休年龄，办理退休，开始享受基本养老保险待遇，即退出了劳动岗位，劳动合同不再履行。因此，劳动者退休，开始依法享受基本养老保险待遇也是导致劳动合同终止的法定情形。

对于达到法定退休年龄但不能依法享受养老保险待遇的，根据《劳动合同法实施条例》第二十一条的规定，只要劳动者达到法定退休年龄，不管能否依法领取养老保险金，就可以终止劳动合同。

需要注意的是，如果用人单位继续聘用达到享受养老保险待遇条件的人员，即使签订了书面的聘用协议，这种关系也只能被认定为劳务关系，而不是劳动关系，如果发生纠纷，也不能适用《劳动法》。

（三）劳动者死亡，或者被人民法院宣告死亡或者宣告失踪的

劳动者死亡，履行劳动合同的一方主体不复存在，劳动合同无法继续履行，并且不可逆转，因此，劳动合同终止。在法律上，公民被人民法院宣告死亡，和自然死亡产生同样的法律效果；公民被人民法院宣告失踪，虽然和宣告死亡有所区别，但是实际上被宣告失踪的劳动者也是无法履行劳动合同的。因此，上述这些情形都会导致劳动合同的终止。

延伸阅读

宣告失踪和宣告死亡

《民法典》第四十条规定："自然人下落不明满二年的，利害关系人可以向人民法院申请宣告该自然人为失踪人。"

《民法典》第四十一条规定："自然人下落不明的时间自其失去音讯之日起计算。战争期间下落不明的，下落不明的时间自战争结束之日或者有关机关确定的下落不明之日起计算。"

《民法典》第四十六条规定："自然人有下列情形之一的，利害关系人可以向人民法院申请宣告该自然人死亡：（一）下落不明满四年；（二）因意外事件，下落不明满二年。因意外事件下落不明，经有关机关证明该自然人不可能生存的，申请宣告死亡不受二年时间的限制。"

（四）用人单位被依法宣告破产的

根据我国《企业破产法》的规定，用人单位一旦被依法宣告破产，就进入破产清算程序，用人单位的主体资格将归于消灭，无法继续履行劳动合同，因此劳动合同终止。

（五）用人单位被吊销营业执照、责令关闭、撤销或者用人单位决定提前解散的

被吊销营业执照，是指工商行政管理机关依法对有严重违法行为的用人单位做出的行政处罚。用人单位被吊销营业执照后，就丧失了继续从事生产或经营的主体资格。责令关闭，是指用人单位因触犯有关法律法规，被行政机关做出了停止生产经营的处罚决定。用人单位被责令关闭后，也无法进行生产或经营活动。撤销，是指用人单位被行政机关撤销有瑕疵的登记。提前解散，是指因法律规定的事由而终止用人单位主体资格的行为，解散的事由包括用人单位载明的解散条件出现、存续期间届满、经营事项已经完成。

用人单位一旦被有关行政机关吊销营业执照、责令关闭、撤

销或者用人单位决定提前解散的，其主体资格归于消灭。因此，劳动合同的用人单位一方当事人将不复存在，劳动合同无法继续履行，劳动合同终止。

（六）法律、行政法规规定的其他情形

这是一项弹性条款，以避免遗漏现行法律法规规定的其他情况，并采用此种方法使今后颁布的相关法律法规和现行法律法规能够很好地衔接。

二、劳动合同的逾期终止

劳动合同终止的例外情况，即存在劳动合同的逾期终止情形：劳动合同期满时因存在法定的特殊情形，劳动合同应当续延至相应的情形消失时终止。它作为劳动合同终止的一种特殊形式，与劳动合同期满终止对应，是劳动合同期满终止的例外和对劳动合同期满终止的补充。

逾期终止的事由，即阻止劳动合同期满终止的法律事实。存在该事由，劳动合同应当续延至该事由消失时终止。《劳动合同法》第四十五条将逾期终止的事由限定为预告辞退禁止性条件：

1. 从事接触职业病危害作业的劳动者未进行离岗前职业健康检查，或者疑似职业病病人在诊断或者医学观察期间的。即劳动合同期满时，从事接触职业病危害作业而未进行离岗前职业健康检查者，劳动合同应当续延至离岗前职业健康检查完毕时终止。而疑似职业病病人，应当续延至诊断期或医学观察期届满时终止。

2. 在本单位患职业病或者因工负伤并被确认丧失或者部分丧失劳动能力的。即工伤劳动者劳动合同的终止，按照国家有关工伤保险的规定执行。

3. 患病或者非因工负伤，在规定的医疗期内的。即患普通病或者非因工负伤者的劳动合同，应当续延至规定的医疗期届满时终止。

4. 女职工在孕期、产期、哺乳期的。即女职工的劳动合同如果在孕期、产期、哺乳期内期限届满的，应当分别续延至规定的孕期、产期、哺乳期届满时终止。

5. 在本单位连续工作满 15 年，且距法定退休年龄不足 5 年的。

6. 法律、行政法规规定的其他情形。例如，《集体合同规定》要求职工一方协商代表，在没有严重违反劳动纪律或用人单位依法制定的规章制度；没有严重失职、营私舞弊，对用人单位利益造成重大损害；没有被依法追究刑事责任的情况下，其劳动合同应当续延至任协商代表期满时终止。

技能要求

一、劳动合同终止手续办理

劳动合同终止后，劳动者和用人单位应当按照双方的约定，本着协作的原则顺利办理交接手续。劳动者应当交还用人单位所有的劳动工具及有关证件。用人单位依据《劳动合同法》及相关法规的规定，还应履行以下事项：

1. 如果用人单位应当向劳动者支付经济补偿，则应在办结工作交接的时候支付。

2. 用人单位应当在终止劳动合同时，出具终止劳动合同的证明，并且在 15 日内为劳动者办理档案和社会保险关系转移手续。

3. 用人单位对已经终止的劳动合同文本，至少保存 2 年备查。

4. 用人单位出具的终止劳动合同的证明，应当写明劳动合同期限、终止劳动合同的日期、工作岗位、在本单位的工作年限等。

二、劳动合同解除和终止信息的整理与收集

劳动合同解除和终止的信息应记入劳动合同管理档案，需要履行备案手续的应及时办理。应当记入劳动合同管理档案的信息包括劳动合同解除或终止时间、解除或终止原因，用人单位是否需支付经济补偿、补偿金额，劳动者是否负有竞业限制义务、竞业限制补偿金额、支付竞业限制补偿情况等内容。

如果劳动者的劳动合同因劳动者达到法定退休年龄而终止，则为劳动者及时办理退休手续，并记录劳动者开始领取基本养老金的时间。

三、离职劳动者信息的收集与整理

离职劳动者包括解除劳动合同的劳动者和劳动合同终止后未续订的劳动者。对这些劳动者信息的收集整理是劳动关系管理中的一个重要内容。离职劳动者信息的收集整理包括以下内容：

1. 建立离职劳动者面谈记录卡。所有的离职面谈内容用规范的文件表格保存下来，以便于周期性的统计分析和改善人力资源管理。

2. 保留离职劳动者过去的个人信息和联系方式。对于用人单位来讲，离职劳动者仍然有很大的价值，在劳动者离职后仍与其保持联系，并把企业新的信息、新的发展战略及时告知他们，对于宣传企业理念、树立企业形象具有重要作用。

3. 跟踪记录劳动者离职后的发展状况。

第三单元　劳动合同的续订

知识要求

一、劳动合同续订的概念

劳动合同的续订，是指针对期限届满的劳动合同，双方当事人通过协商一致，将原劳动合同效力予以延续。续订劳动合同不是变更原劳动合同的期限，是签订一份新的劳动合同。

劳动合同的顺延和续订，均不产生经济补偿的法律后果。

二、劳动合同续订的方式

（一）双方协商一致续订

双方协商一致续订是劳动合同续订最常见的方式。与订立劳动合同一样，续订劳动合同也必须遵循平等自愿、协商一致原则，必须经双方当事人协商同意，一方当事人不同意续订，另一方当事人不得强迫其续订。

（二）劳动合同自动续订

劳动合同自动续订，不同于劳动合同的逾期终止，并非是原劳动合同期限的自动延长，而是指在法律规定的特殊情形下，不需要劳动者和用人单位就续订劳动合同事宜协商一致，也可以产生续订劳动合同的后果。

1. 固定期限的劳动合同期满后，因用人单位方面的原因未办理终止或续订手续而形成事实劳动关系的，视为续订劳动合同，用人单位应及时与劳动者补充办理续订劳动合同手续。

2. 依据《劳动合同法》的规定，用人单位与劳动者在续订劳动合同时，有下列情形之一的，经劳动者提出或者同意，应当订立无固定期限劳动合同：①劳动者已在该用人单位连续工作满 10 年的；②用人单位初次实行劳动合同制度或者国有企业改制重新订立劳动合同时，劳动者在该用人单位连续工作满 10 年且距法定退休年龄不足 10 年的；③连续订立二次固定期限劳动合同且劳动者没有《劳动合同法》规定的用人单位可以与劳动者解除劳动合同的情形的。

技能要求

一、续订劳动合同的程序

（一）签发续订意向通知书

续订劳动合同，不需要提前通知对方当事人。但为增加工作的主动性，用人单位应在劳动合同期限届满前主动了解劳动者的意向，对有续订劳动合同意向的劳动者，而且用人单位也同样具有续订意向的，应提前向劳动者发出续订意向通知书。

续订意向通知书有两方面作用：一是便于双方提前做好准备；二是便于固定证据。根据《劳动合同法》的规定，如果用人单位提供的续订条件不低于原劳动合同，劳动者又不愿意续订劳动合同，导致劳动合同终止的，用人单位可以不支付经济补偿。在劳动合同续订事宜上发生纠纷的，如何证明劳动者不愿意续订是关键，如果用人单位提前向劳动者发出意向通知书，并在通知书中载明“用人单位提供的续订条件不低于原劳动合同条件，若劳动者在接到本通知书之日起 5 日内没有书面回复续签意向的，视为劳动者不愿意与用人单位续订劳动合同”的类似条款，就可以起到固定证据的作用。

（二）协商续订事宜

双方当事人都有续订劳动合同意向的，需要对续订的劳动合同的内容进行进一步协商，确定劳动合同的相关条款。

（三）双方签字或盖章

经双方协商一致，劳动合同的条款确定后，双方应在新的劳动合同文本上签字或者盖章。经双方签字或盖章后，就代表劳动合同续订工作完成。

二、用人单位续订劳动合同的注意事项

（一）续订劳动合同不可以约定试用期

根据同一用人单位与同一劳动者只能约定一次试用期的规定，用人单位与劳动者在续订劳动合同时，无论劳动者的岗位是否发生变化，都不可以再约定试用期。即使约定了试用期，也是无效的。

（二）续订劳动合同应当及时

用人单位选择与劳动者续订劳动合同时，应在原劳动合同期限届满之日前办理完毕。如果原劳动合同期限已经届满，新的劳动合同还未签订，劳动者处于没有与用人单位签订书面劳动合同的状态，而此时距离用人单位开始用工早就超过了一个月，用人单位就必须承担未签劳动合同双倍工资的风险。

（三）考虑续签的次数和劳动者在本单位的工作年限

根据《劳动合同法》的规定，劳动者如果连续订立了两次固定期限的劳动合同，或者在同一用人单位连续工作满 10 年的，可以要求用人单位签订无固定期限劳动合同。如果用人单位不愿意与劳动者签订无固定期限劳动合同，则应提早做好准备，在第二次与劳动者续订劳动合同时就要充分考虑到可能出现的后果。

（四）依照法律规定订立无固定期限劳动合同

如果劳动者具备了订立无固定期限劳动合同的条件，又提出了订立请求，用人单位则应当与劳动者订立无固定期限劳动合同。否则，自应当订立无固定期限劳动合同之日起，用人单位需要向劳动者支付双倍的工资。

相关法律法规

1.《中华人民共和国劳动法》
2.《中华人民共和国劳动合同法》
3.《工伤保险条例》
4.《中华人民共和国劳动合同法实施条例》
5.《企业职工患病或非因工负伤医疗期规定》
6.《关于贯彻执行〈中华人民共和国劳动法〉若干问题的意见》

复习思考题

1. 什么是劳动合同？订立劳动合同的意义是什么？
2. 简述劳动合同当事人的主体资格条件。
3. 简述订立劳动合同的形式要求和时间要求。
4. 如何认定事实劳动关系？
5. 如何防范劳动合同文本管理的风险？
6. 简述劳动合同履行的概念和原则。
7. 简述劳动合同变更的概念、类型和程序。
8. 简述劳动合同解除的概念和主要类型。
9. 简述劳动合同终止的概念、原因和程序。
10. 简述劳动合同续订的程序。

案例分析题

2012 年 3 月，闫某与某科技公司签订劳动合同，约定闫某从事开发工作，在双方解除或终止合同一年内，闫某不能以任何方式向有竞争关系的组织或者公司提供服务。双方签署《保密协议》，约定了竞业限制业务范围及情形，某科技公司在竞业限制期内支付竞业限制经济补偿，如果闫某违反约定，须向某科技公司支付违约金20万元，该违约金不足以弥补公司损失的，不足部分仍应赔偿。2013年5月，闫某离职，某科技公司发出《关于要求履行竞业限制以及严格遵守保密义务的通知》，同时对限制的工作内容进行了进一步明确，并告知构成竞争关系的公司包括A集团及其下属公司、B集团及其下属公司、C集团及其下属公司等，闫某在该通知上签字。同月，闫某入职C集团的某下属公司。

2013年12月，某科技公司以闫某违反双方的竞业限制协议为由，提出劳动争议仲裁申请，劳动争议仲裁委员会裁决闫某继续履行与某科技公司约定的竞业限制义务，返还经济补偿金12万余元，支付违约金20万元。闫某向法院提起诉讼。

法院认为，从C集团的某下属公司股东和股权质押等情况来看，闫某和C集团存在实质关联关系；从某科技公司和C集团及其下属公司之间的业务范围来看，两者属于竞争关系。因此，闫某违反了竞业限制义务。法院驳回了闫某的诉讼请求。

劳动者在享受劳动权益的同时，应当基于诚信原则履行劳动合同义务。如果与用人单位约定了竞业限制，在用人单位按期支付竞业限制补偿时，应当遵守相关约定。在入职其他用人单位时，及时向原用人单位反映就业情况，避免不必要的纠纷。

资料来源：高民一. 北京市高级人民法院劳动关系诚信建设十大典型案例［EB/OL］.［2018-12-03］. http://bjgy.chinacourt.gov.cn/articale/detail/2018/12/id/3594947.shtml.

请思考：在劳动合同履行过程中，劳动者和用人单位应各自注意哪些问题？

第三章　集体协商与集体合同管理

学习目标

1. 掌握集体协商和集体合同的概念，了解集体协商机制的作用，熟悉集体协商的分类。

2. 熟悉集体协商的基本内容，掌握集体协商和签订集体合同的基本程序。

3. 熟悉集体协商准备阶段的工作内容，了解集体协商要约。

4. 掌握集体协商议题征集整理方法，了解集体协商会议文件的准备方法。

5. 掌握集体合同与劳动合同的区别，熟悉签订集体合同的原则，了解集体协商类型的选择。

6. 熟悉有关集体合同效力的规定，掌握集体合同履行的概念和原则，了解集体合同的变更、解除和终止。

第一节　集体协商的组织开展

第一单元　集体协商概述

知识要求

一、集体协商与集体合同

（一）集体协商基本概念

“集体协商”（collective consultation）在西方市场经济国家被

称为“集体谈判”（collective bargaining）或“劳资谈判”，1981年国际劳工组织发布的《促进集体谈判公约》（第154号）对集体谈判进行了总括性的解释和界定。根据该公约，集体谈判是指适用于一名雇主或多名雇主、一个或多个雇主组织为一方，同作为另一方的一个或数个工人组织，就以下目的所进行的所有谈判：①确定就业条件；②调整雇主与工人之间的关系；③调整雇主组织与工人组织之间的关系。

在我国，为了减轻集体谈判语义中所包含的强烈对抗性，把集体谈判称为集体协商。由“集体谈判”转换为“集体协商”这一概念，是由我国的政治和文化环境所决定的，在集体协商语境下，更强调劳动关系双方利益一致。在我国，集体协商是指职工一方的代表与企业方的代表，就签订集体合同，或专项集体合同，或其他劳动关系的事项依法进行商谈的行为[①]。

（二）集体合同基本概念

集体合同又称团体协约、集体协议、劳资协议。我国《集体合同规定》第三条规定，集体合同是指用人单位与本单位职工根据法律、法规、规章的规定，就劳动报酬、工作时间、休息休假、劳动安全卫生、职业培训、保险福利等事项，通过集体协商签订的书面协议。随着我国区域性、行业性集体协商的不断发展，《劳动合同法》第五十三条进一步规定，在县级以下区域内，建筑业、采矿业、餐饮服务业等行业可以由工会与企业方面代表订立行业性或区域性集体合同。因此，可以把集体合同界定为由工会或职工代表代表职工一方，与企业方及企业组织之间围绕劳动条件和劳动标准等问题在协商一致的基础上签订的书面协议。

在我国，集体协商可分为用人单位层级集体协商、行业性集体协商和区域性集体协商三种主要类型，集体合同也分为用人单位层级集体合同、行业性集体合同和区域性集体合同。在本教程中，如不作特别说明，集体协商与集体合同均指用人单位层级集

① 中华全国总工会组织部. 全国工会工资集体协商培训教材［M］. 北京：中国工人出版社，2011.

体协商与集体合同。

（三）集体协商和集体合同的关系①

集体协商是订立集体合同的法定必经程序和实现方式，集体合同则是集体协商的一种法律结果。未经集体协商而签订的集体合同是无效合同，集体协商的水平直接影响着集体合同的质量及其可行性。

二、集体协商机制的作用

集体协商机制主要包含两项基本制度，一项是集体协商制度（也称平等协商制度），另一项是集体合同制度。

集体协商制度是指用于规范工会代表职工一方与用人单位（企业方代表）为签订集体合同或专项集体合同进行商谈行为的制度。其基本内容主要包含四个方面：集体协商原则、规则，集体协商代表的产生及其权利与义务，集体协商形式、程序、内容及结果，集体协商争议处理。

集体合同制度是指工会代表职工一方与用人单位（企业方代表），就劳动关系有关利益事项，通过集体协商签订书面协议，以及履行集体合同和处理集体合同争议过程中需要共同遵守的办事规程和行动准则。其基本内容主要包含六个方面：集体合同要约规则，集体合同订立程序、规则，集体合同（草案）通过规则，集体合同送审及生效规则，集体合同履行、监督检查规则，集体合同违约责任及争议处理规则。

人力资源社会保障部、中华全国总工会、中国企业联合会/中国企业家协会发布的《关于深入推进集体合同制度实施彩虹计划的通知》指出，集体协商和集体合同制度是社会主义市场经济条件下调整劳动关系的重要法律制度。加强集体协商和集体合同制度建设，既有利于生产经营正常的企业改善劳动条件、保障职工共享经济发展成果，也有利于生产经营遇到困难的企业与职工同

① 中华全国总工会组织部，中华全国总工会集体合同部. 全国工会工资集体协商培训教材［M］. 北京：中国工人出版社，2011.

舟共济、共渡难关，对于促进企业发展、维护职工权益、构建和发展和谐稳定的劳动关系具有重要促进作用。

延伸阅读

集体谈判的功效

国际劳工组织总结各国集体谈判的实践，从就业质量、公平、培训、劳动关系、企业绩效、宏观经济六个方面梳理了集体谈判的功效。

1. 提高工资和各项劳动条件与标准。
2. 拓宽劳资双方沟通渠道。
3. 制定共同规则。
4. 缓解或预防劳资矛盾。
5. 提高工作热情与生产效率。
6. 共同应对动荡起伏和变化冲击。
7. 追求公平、民主。

资料来源：集体协商培训教材项目组. 集体协商职工方代表培训教材[R]. 日内瓦：国际劳工组织，2019.

三、集体协商的分类

（一）按照集体协商涉及内容划分

1. 综合性集体协商。综合性集体协商是指劳动关系双方就劳动报酬、工作时间、休息休假、劳动安全卫生、女职工和未成年工特殊保护、职业技能培训等所有与劳动关系相关的问题进行的综合性协商。

2. 专项集体协商。专项集体协商是指劳动关系双方单独就劳动关系中的某一方面问题，如工资、女职工特殊权益保护、劳动安全卫生等问题进行的协商。如工资集体协商是指劳动关系双方就企业内部工资分配制度、工资分配形式、工资支付办法、工资标准等事项进行平等协商的行为。我国的专项集体协商主要包括工资集体协商、女职工权益保护专项集体协商和劳动安全卫生专项集体协商。

（二）按照集体协商覆盖的范围划分

1. 全国性集体协商，又叫中央级集体协商。一般是由企业的全国性组织与劳动者整体的全国性组织，就劳动关系的根本性问题举行的集体协商。举行中央级集体协商的国家比较少，世界上比较著名的有比利时、芬兰、挪威、爱尔兰、丹麦等国家。

2. 产业（集团）级集体协商。由产业工会与相应的产业雇主团体就产业内劳动关系有关问题进行协商。我国虽然没有关于开展产业（集团）级集体协商的法律规定，但有这方面的实践，如上海有不少产业（集团）进行了产业（集团）级的集体协商。

3. 行业性集体协商。是指在同行业企业相对集中的区域，由行业工会组织代表职工与同级企业代表或企业代表组织，为签订行业内集体合同或专项集体合同进行商谈。行业性集体协商有助于根据行业的特点对本行业的突出问题进行改进，更好地协调行业劳动关系，减少劳动冲突和劳动纠纷。在突出行业特点的基础上，推动劳动关系双方就各方的权利和义务制定更为合理、完善的行业集体合同。

4. 区域性集体协商。是指以行政区域（如镇、区、街道、村、经济开发区、工业园区等）为单位，由区域工会组织与相应的区域企业组织或区域内企业方推选产生的代表，依照国家法律、法规，为签订覆盖本地区所有企业的区域性集体合同而进行的商谈。区域性集体协商有助于解决我国非公有制小企业在发展过程中出现的劳动关系问题。非公有制小企业数量多、分布广、规模小、职工流动性大，更容易产生劳动关系方面的冲突和纠纷。区域性集体协商可以增强职工自我保护意识和能力，同时也可以帮助缺乏解决劳动问题经验的企业更好地协调劳动关系双方的矛盾。

5. 企业集体协商。是指在企业内部，由企业方与劳动者方，为签订企业内集体合同、专项集体合同或解决劳动关系问题进行的商谈。它包括企业集团层次的集体协商、企业工作场所的集体协商，以及像英国一些地方出现的车间或部门的集体协商。

企业集体协商不仅维护了劳动者的利益，同样对企业的利益也提供了一种保障。首先，劳动者与企业进行协商，企业便更易了解劳动者的真实想法，减少为获取这些信息而带来的人力物力的支出，并且能够获得真实可靠的信息，为之后做出正确的决策奠定良好的基础。其次，通过实行集体协商制度，劳动者的权利得到切实保障，同时也使劳动者更全面地了解企业的发展状况和未来的发展方向，并以此作为劳动者今后工作的目标和使命。通过集体协商，劳动者与企业之间更能成为利益共享、风险共担的利益共同体，劳动者会为企业和自己的利益付出加倍的努力，实现双方共赢的局面。最后，劳动关系双方发生冲突时，劳动者有时会采取比较极端的行为，从而给企业造成损失。如果双方长时间没有沟通，会彼此产生不信任和误解，形成一种恶性循环。定期的集体协商可以使双方的矛盾在沟通中化解，形成良好的劳动关系。

我国的集体协商，主要是在企业这一层面上推行实施的。企业集体协商操作简单、经济实用、灵活性强。企业内部有效开展集体协商有利于协调劳动关系、预防和化解劳动关系纠纷、提高职工参与治理的积极性。

技能要求

一、集体协商的基本内容

《劳动法》第三十三条规定：“企业职工一方与企业可以就劳动报酬、工作时间、休息休假、劳动安全卫生、保险福利等事项，签订集体合同。”《劳动合同法》第五十一条规定：“企业职工一方与用人单位通过平等协商，可以就劳动报酬、工作时间、休息休假、劳动安全卫生、保险福利等事项订立集体合同。”国际劳工组织第 154 号公约，即《促进集体谈判公约》第二条指出，集体谈判的内容包括：①确定劳动和就业条件；②解决雇主和工人间的关系；③解决雇主或其组织同一个或数个工人组织之间的关系。可见集体协商的内容可以包括劳动报酬、工作时间、休息休假、劳动安全卫生、保险福利乃至劳动关系等诸多内容。

（一）劳动报酬

西方市场经济国家的集体谈判大都有劳动报酬问题。日本工会每年“春斗”的主要内容就是劳动报酬。劳动报酬的内容包括工资水平与增幅、工资结构、最低工资、加班工资、工资支付等。工资方面的协议往往是劳动关系双方权衡的结果，因此工会可利用企业劳动生产率、通货膨胀率、行业（地区）工资水平等数据进行综合分析后提出自己的要求。

（二）工作时间

工作时间的缩短是工会长期奋斗的结果，国际劳工组织也要求各国实行每周 40 小时的工时制度。我国根据国务院的规定，从 1995 年 5 月 1 日起实行每天 8 小时、每周 40 小时工作制。然而现实中仍有部分劳动者的正常休息时间遭到侵占，对此工会可在集体合同中对工时问题进行规定。

（三）休息休假

享受不进行劳动或工作的休息时间和法定节假日是劳动者的合法权益。通过休息，劳动者可以充分恢复体力和精力，提高工作效率。集体协商时，可根据企业的实际情况在集体合同中确定不少于国家规定的休息休假时间，并对加班职工做出补偿安排。

（四）劳动安全卫生

本着“安全第一、预防为主、综合治理”的原则，保护劳动者的人身安全、改进劳动条件、提高安全水平是工会的重要任务，也是集体合同中需要考虑的条款。集体协商时，可根据实际生产运营情况要求企业提高劳动保护水平，防范职业病，并就安全生产和劳动卫生问题进行培训。

（五）保险福利

保险涉及劳动者的“未来收入”，福利是普遍性、集体性地改善职工生活质量的物质帮助。在集体协商时，可根据企业可承受的范围就此方面做出规定。同工资一样，能够提高工作效率、企业效益的相关内容往往容易得到双方认同。

（六）其他

除上述五项内容外，集体协商还可包括如下内容：

1. 女职工和未成年工特殊保护。主要包括女职工和未成年工禁止从事的劳动，女职工经期、孕期、产期和哺乳期的劳动保护，女职工、未成年工定期健康检查，未成年工的使用和登记制度。

2. 职业技能培训。主要包括职业技能培训项目规划及年度计划、职业技能培训费用的提取和使用、保障和改善职业技能培训的措施。

3. 劳动合同管理。主要包括劳动合同签订时间，确定劳动合同期限的条件，劳动合同变更、解除、续订的一般原则及无固定期限劳动合同的终止条件，试用期的条件和期限。

4. 奖惩。主要包括劳动纪律、考核奖惩制度、奖惩程序。

5. 裁员。主要包括裁员的方案、裁员的程序、裁员的实施办法和补偿标准。

6. 集体合同管理。主要包括集体合同期限，变更、解除集体合同的程序，履行集体合同发生争议时的协商处理办法，违反集体合同的责任。

7. 双方认为应当协商的其他内容。

二、集体协商与签订集体合同的基本程序①

根据《劳动合同法》《集体合同规定》和《工资集体协商试行办法》等法律、法规和政策的规定，集体协商应当按照以下程序进行。

1. 产生集体协商代表。

① 中华全国总工会组织部，中华全国总工会集体合同部. 全国工会工资集体协商培训教材［M］. 北京：中国工人出版社，2011.

2. 提出协商要约。

3. 做好协商的准备。

（1）宣传教育工作。

（2）熟悉有关法律法规。

（3）收集了解与集体协商有关的情况和资料。

（4）充分征求职工的意见。

（5）明确协商代表分工。

（6）制定集体协商实施方案。

（7）确定集体协商记录员。

4. 正式协商。

（1）召开协商会议。

（2）集体合同的起草。

5. 职工（代表）大会讨论通过。

6. 首席代表签字。

7. 审查备案。

8. 公布实施。

9. 履行。

10. 监督检查。

延伸阅读

我国平等协商和集体合同制度的历史沿革

我国的集体合同制度最早起源于劳动立法运动。1921 年，中国共产党的内部组织——中国劳动组合书记部抓住北洋军阀民国政府宣布恢复国会制定宪法的机会，拟定了《劳动立法原则》和《劳动法大纲》，发出了关于开展劳动立法运动的通告，掀起了中国历史上的劳动立法运动。《劳动法大纲》确认，劳动者有“缔结团体契约的权力”，最早提出了争取集体谈判权的号召。中国共产党的劳动立法运动在中国有着重要的影响，争取集体谈判权是共产党领导的劳动立法运动的一项重要内容。

新中国成立以后，中国集体合同制度的发展进入了一个新的时期。1949 年 7 月，中共中央在《关于处理劳资纠纷问题的数点建议》中着重强调了集体合同的重要性，指出解决劳资纠纷的形式应以订立集体合同为主。1949 年 9 月，中国人民政治协商会议通过的具有临时宪法性质的《中国人民政治协商会议共同纲领》规定，私人经营的企业，为实现劳资两利的原则，应由工会代表工人职员与资方订立集体合同。1949 年 11 月，中华全国总工会发布了《关于私营工商企业劳资双方订立集体合同的暂行办法》，对集体合同的内容、订立原则、手续及合同的期限等做出了规定。1950 年 4 月，劳动部颁布了《关于在私营企业中设立劳资协商会议的指示》，在私营企业广泛实行了集体合同制度。1950 年 6 月，中央人民政府颁布的《工会法》规定："在国营及合作社经营的企业中，工会有代表受雇工人、职员群众参加生产管理及与行政方面缔结集体合同之权。"1956 年，随着对资本主义工商业的社会主义改造基本完成，集体合同制度逐步停止实行。20 世纪六七十年代，集体谈判和集体合同制度一度消失。

1978 年党的十一届三中全会以后，我国进入了全面的经济体制改革时期，为适应改革建设的需要，集体合同制度被再度提上议事日程。1979 年，中华全国总工会向全国发出了在全民所有制企业中恢复签订集体合同的倡议。之后，在 1983 年修订的《中国工会章程》和颁布的《中外合资经营企业法实施条例》、1986 年颁布的《全民所有制工业企业职工代表大会条例》、1988 年颁布的《私营企业暂行条例》以及 1992 年修正颁布的《工会法》中，都相继对集体合同作了规定。1994 年 7 月，我国颁布了《劳动法》，第一次以法典的形式规定了集体合同制度。《劳动法》的颁布，为在我国新的历史时期全面建立集体合同制度提供了法律基础，标志着我国集体合同制度进入了一个崭新的发展阶段。

2000 年 11 月，劳动和社会保障部颁布《工资集体协商试行办法》，对集体协商和签订集体合同的重要内容之一——工资协商，做出了详细的规定。2004 年 1 月，劳动和社会保障部颁布了

《集体合同规定》，意味着我国的集体合同工作进一步深入。

资料来源：宋湛．集体协商与集体合同［M］．北京：中国劳动社会保障出版社，2008.

第二单元　集体协商的准备

知识要求

一、集体协商的准备工作

（一）议题意见、资料的收集和整理[1]

1. 熟悉有关法律法规

在开展集体协商前，集体协商代表应当认真学习、了解与集体协商有关的法律、法规、规章和制度，包括《劳动法》《工会法》《劳动合同法》《集体合同规定》《工资集体协商试行办法》等。法律法规以及相关政策是协商的依据，将在协商过程中始终作为指导性文件，也是最具有说服力的论据支撑，因此在协商开始前应当做好充分的学习准备，需要时应当组织对协商代表的培训。人力资源社会保障部、地方劳动行政部门、中华全国总工会以及有关高校和科研机构、国际劳工组织都有许多培训资源，可以充分利用这些资源进行学习。

此外，协商代表还要充分熟悉所在行业和所在地区的集体协商情况，了解相关政策和实践情况，充分了解劳动争议发生状况和劳动争议处理统计数据，从中知晓当前劳动争议发生、变化的规律，尽量避免发生集体协商争议。初次开展集体协商的企业，可以求助劳动行政部门给予协助指导，也可以组织去其他集体协商工作较为成熟的企业进行调研学习，提前积累经验。

2. 收集了解与集体协商有关的情况和资料

进行集体协商需要用事实和数据说话，因此应当收集了解与

① 中华全国总工会组织部，中华全国总工会集体合同部．全国工会工资集体协商培训教材［M］．北京：中国工人出版社，2011.

集体协商有关的情况和资料。与集体协商密切相关的资料可分为外部资料和内部资料两大类。

外部资料包括：①综合性经济指标，主要包括国内生产总值、居民消费价格指数、职工平均工资等，这些数据显示了整个国家的经济状况、年度经济增长水平，以及在此背景下的职工平均工资水平和物价水平，是确定集体协商过程中是否提出工资增长以及增长幅度的重要依据；②劳动力市场状况，主要包括劳动力供求状况、劳动者就业状况、劳动者素质状况、劳动者教育水平以及国家的培训就业目标等，尤其是在涉及职工培训议题时，可以帮助确定比较明确的任务和方向；③劳动报酬状况，主要包括劳动力市场工资指导价位、行业人工成本信息、最低工资标准、工资指导线等，这些对进行工资类的集体协商至关重要；④各项政策规定，如国家和地方有关经济社会发展的目标措施、人力资源和社会保障方面的政策规定、企业改制的政策规定和要求、安全生产的劳动标准和劳动条件等；⑤同行业和同地区其他企业的相关情况和同类案例等，要意识到周边企业的工资调整情况、工作条件等对本企业职工的期望值和情绪有很大影响。

内部资料包括：①企业经营情况，包括经营业绩、业务调整、投资计划、投资回报率等；②企业财务状况，除资产、负债、收入、成本、利润等绝对值外，还包括劳动生产率、人工成本、劳动成本占生产成本的比例等；③人力资源情况，如职工数量、岗位设置、绩效管理、晋升体系、培训政策等；④薪酬情况，如工资总额、工资结构、工资增长率、社会保险缴纳情况、职工福利等；⑤劳动条件情况，如劳动标准、工作场所健康与安全设施等；⑥单位现行规章制度，特别是涉及职工民主权利和经济利益方面的规定。

3. 充分征求用人单位和职工的意见

通过召开工会小组会和座谈会、开展问卷调查等形式，广泛了解用人单位和职工群众在各个方面的意愿和要求。

实践中，部分地方集体合同条例规定，用人单位和职工方应当在协商会议开始前如实向对方提供协商所需的情况和资料，如《江苏省集体合同条例》第十七条的规定。

（二）拟订协商议题

在将职工和用人单位的意见归纳整理后，结合现行政策和用人单位情况进行分析研究，提出协商议题。对于协商议题的拟订，首先要注意协商的民主性，即代表不等于代替，要积极收集职工真正关心的议题和建议；其次要注意有关议题信息来源的科学性；同时要注意拟订议题的合理性。

另外，也不应忽视情况沟通的环节。尤其是对于重要的敏感性问题或可能会产生分歧意见的问题，通过会前的非正式协商，坦诚交换意见，有利于形成共识。

（三）起草集体合同草案

拟订草案应参照有关法律、法规和政策，以及同行业和具有可比性企业的劳动标准，包括集体合同范本和其他与签订集体合同相关的资料等。集体合同作为一种法律文书，草案文本可以由工会提出，也可以由用人单位提出，还可以由用人单位与工会共同组织有关人员起草。

二、集体协商要约①

（一）集体协商要约的概念

《民法典》第四百七十二条规定，要约是指希望与他人订立合同的意思表示。集体协商要约，是集体协商主体的任何一方依法就签订集体合同或专项集体合同、协调劳动关系其他相关事宜，以书面形式向对方提出进行集体协商要求的行为。

（二）集体协商要约的权利

职工和企业任何一方均可提出进行集体协商的要求。集体协商的提出方应向另一方提出书面的协商要约书，明确协商的时间、地点、内容等，另一方接到协商要约书后，应于 20 日内予以书面

① 中华全国总工会组织部，中华全国总工会集体合同部. 全国工会工资集体协商培训教材［M］. 北京：中国工人出版社，2011.

答复。无正当理由不得拒绝进行集体协商。

企业工会组织应主动向企业提出协商要约，启动协商程序，积极促进与企业开展集体协商和签订集体合同。企业工会提出协商要约有困难的，其上一级工会可依法代替基层工会向企业提出协商要约。

（三）集体协商要约的内容

集体协商要约书应该明确提出进行集体协商的时间、地点和议题等，还应附有协商代表资格认定书。应围绕劳动报酬、工作时间、休息休假、保险福利、劳动安全卫生、女职工特殊权益保护和职工培训等涉及劳动关系方面的主要问题，确定集体协商要约行动的内容。根据实际情况，每年可确定1～2个协商主题，有重点、有目标地开展集体协商要约行动，集中力量，上下联动，突破难点。对于集体合同履行中出现的问题，也可通过集体协商要约行动予以解决。

技能要求

一、集体协商议题收集整理方法

在筹备进行集体协商的过程中，首先必须有效地收集集体协商的议题，确保协商会议的内容是劳企双方共同关心的内容。这是保障集体协商签订集体合同工作有序展开的重要前提。

（一）议题信息收集方法

收集整理集体协商的议题可以有多种方法，最常用的主要有以下三种方法。

1. 问卷调查法

问卷调查是收集协商议题的基本方法，即通过发放问卷的方式，由职工填写完成后交给调查者收回。由于问卷调查法通常是匿名调查，因此减少了职工的心理压力，有利于职工意见的汇总。

2. 访谈法

访谈法也称为访问法，即访谈者通过口头交谈的方式向职工了解想法的方法。访谈方式可以分为结构式访谈和无结构式访谈。结构式访谈通常用事先统一设计、有一定结构的问卷进行访谈，访谈过程按照统一的标准和方法进行；无结构式访谈并不事先准备统一的访谈问卷，而是由访谈者与职工自由交谈，并根据情况不断调整内容和方式。

3. 观察对比法

通过调查者自身的观察来获取信息。比如，留意各种报纸杂志、相关网站上经常登载的政府对劳动关系宏观调控政策的最新变化、同行业同地区企业劳动关系的状况、其他单位集体协商的信息等。

（二）议题整理加工方法

在收集到各类信息之后，应对这些信息进行整理。综合加工法是有效的信息整理方法。它通过对大量片面、零散的信息资料，运用科学的方法加以汇总、归纳、分析和推导，从错综复杂的信息中找出其相互之间的关系，并加以高度概括，以更加准确、全面地反映劳动关系和劳动条件等内容。

二、集体协商会议文件的准备方法

（一）会议文件的信息来源

在集体协商之前，双方应尽量收集相关信息，准备好集体协商会议文件，以保障协商顺利开展。应准备的会议文件包括企业外部信息和内部信息。

准备会议文件可以通过多种渠道，如查阅有关档案资料，包括法律、规章、政策及相关统计年鉴等；向本企业人力资源部门、财务部门的有关管理人员进行咨询；向专家咨询或对有关当事人进行访谈等。

（二）会议文件的整理

在集体协商准备阶段收集到的信息资料往往是纷乱复杂的，需要对这些信息资料进行分析、归纳和整理。首先应该将资料分类，将其划分成法规、政策文件类，官方数据标准类，动态数据类等；其次要对一些非权威的数据进行必要的辨析筛选，对一些不太确定的数据，可以找有关部门进行必要的核查和咨询，以尽量保证重要信息的准确性。在协商信息的提供方面，企业一方承担着非常重要的责任。在不泄露企业经营秘密的前提下，企业一方应该向对方协商代表提供协商所必需的信息资料。大量的会议文件应使用文件夹进行妥善保存，一个文件夹对应一个方面的内容，尽可能分门别类，易于查找。

示例：

××××建筑安装公司工会开展工资集体协商要约书

×××总经理：

为构建本公司和谐稳定的劳动关系，维护职工合法权益，促进公司健康发展，根据《劳动法》《工会法》《××省集体合同条例》《××省企业职工工资集体协商条例》等法律、法规及有关文件规定的精神，结合本公司劳动关系的实际情况，现提议双方就本年度的职工工资调整等问题进行集体协商。为使协商工作顺利进行，特提出如下建议。

（一）协商的主要内容。

1. 工资分配制度、工资标准和工资分配形式。

2. 职工年度平均工资水平及其调整幅度。

3. 加班工资计发基数。

4. 本公司最低工资标准。

5. 奖金、津贴、补贴等分配办法。

6. 其他由企业职工提出要求协商的与工资有关的问题。

（二）协商的时间、地点。

1. 时间：建议于2018年7月16日进行首轮协商，并视进度再商定其他轮次的协商时间，但最后一轮协商时间不宜晚于9月3日。

2. 地点：整个协商过程宜在公用的会议室进行，首轮协商建议在公司办公楼三层会议室展开。

（三）确定双方协商代表。

按照《××省企业职工工资集体协商条例》的规定，建议双方各选派5名代表。职工方协商代表：工会主席×××为首席代表，其他代表×××、×××、×××、×××。

请公司行政方也尽快提出协商代表名单，以便工作沟通和做好协商的准备工作。

（四）提供协商资料。

为了便于协商的顺利开展，请提供以下资料：

1. 公司营业收入情况。

2. 公司利润情况。

3. 公司资产负债表。

4. 公司资产损益表。

5. 公司上年度职工工资总额和职工平均工资。

6. 经审计认定的、公司向集团公司承诺的经营计划或目标及其完成情况。

以上资料请公司在协商会议开始5日前，提供给职工方协商首席代表，所涉及的商业秘密，职工方代表将严格遵守保密规定。

（五）请收到本要约书起10日内予以书面答复。

××××建筑安装公司工会

2018年7月3日

第二节　集体合同的订立和履行

第一单元　集体合同的订立

知识要求

一、集体合同与劳动合同的区别

劳动合同是劳动者与用人单位确立劳动关系、明确双方权利和义务的协议。集体合同是用人单位与本单位职工根据法律、法规、规章的规定，就劳动报酬、工作时间、休息休假、劳动安全卫生、职业培训、保险福利等事项，通过集体协商签订的书面协议。集体合同与劳动合同相比较，有如下主要区别。

1. 当事人不同。劳动合同当事人为单个劳动者和用人单位；集体合同当事人为劳动者团体（由工会代表全体劳动者）和用人单位或其团体，故又称团体协约或团体合同。

2. 目的不同。订立劳动合同的主要目的是确立劳动关系；订立集体合同的主要目的是为确立劳动关系设定具体标准，即在其效力范围内规范劳动关系。

3. 内容不同。集体合同与劳动合同相比，更加强调劳动者一方的权利和用人单位一方的义务。劳动合同以单个劳动者的权利和义务为内容，一般包括劳动关系的各个方面；集体合同以集体劳动关系中全体劳动者的共同权利和义务为内容，可能涉及劳动关系的各个方面，也可能只涉及劳动关系的某个方面。

4. 形式不同。劳动合同在有的国家为要式合同，有的国家则是要式合同与非要式合同并存；集体合同一般为要式合同。

5. 效力不同。劳动合同对单个用人单位和劳动者有法律效力；集体合同对签订合同的单个用人单位或用人单位团体所代表的全体用人单位，以及工会所代表的全体劳动者，都有法律效力。并且，集体合同的效力高于劳动合同的效力。

除上述区别之外，集体合同与劳动合同在订立程序等方面也有所不同。显然，它们之间存在明显的区别，具有不同的功能，不可相互替代。但是，两个合同都涉及劳动关系的重要内容，所以又存在着紧密的联系。在个别劳动关系中，劳动者个人与用人单位通过劳动合同建立劳动关系，明确双方的权利和义务。而由于劳动者具有人身隶属性，在与用人单位签订劳动合同的过程中，往往处于弱势的地位。为了缓解个别劳动关系中的不平等现象，工会和职工代表与用人单位进行平等协商，利用集体的力量以协商方式对劳动关系进行规范和调整，并最终通过集体合同确定和提升全体职工的利益，弥补劳动合同的不足。因此，劳动合同与集体合同又有着密切的联系。

二、集体协商中签订集体合同的基本原则

在进行集体协商的实际过程中，劳动关系双方都会有各自的原则立场，但开展集体协商、签订集体合同的总目标和原则应该是一致的——维护职工权益，促进企业发展，构建和谐劳动关系。为此，依据《集体合同规定》第五条规定精神，劳动关系协调员应该在集体协商中倡导劳动关系双方遵守如下原则。

（一）合法原则

集体协商和集体合同制度作为一项重要的调整劳动关系的法律制度，在实施过程中必须遵守国家相关的法律法规以及国家的有关规定。集体协商的主体、协商的内容、订立集体合同的程序、集体合同的履行和监督都不得违反法律法规及规章的规定。

（二）相互尊重、平等协商原则

与个别劳动关系相比，集体协商中劳动关系双方是独立的，工会和用人单位之间不存在隶属关系，在协商过程中双方的法律地位平等。因此，在协商过程中，双方应该相互尊重、相互信任，享有平等的权利，任何一方不得指使、命令、威胁另一方。

（三）诚实守信、公平合作原则

劳动关系既有对抗性又有合作性，还具有长期性，在其存续期间主要体现的是合作性。因此，劳动关系双方应当相互信赖、相互理解。集体协商就是劳动关系双方之间商讨、沟通的过程，目的是求同存异、寻求共识。因此，双方必须本着诚实守信、公平合作的原则来确定双方的权利义务，明确劳动条件，唯此才能实现劳动关系的稳定和谐。

（四）合作共赢原则

合作共赢原则应该贯穿集体协商的全过程。劳动关系双方协商，不是“一决雌雄”的决战，而是通过相互的磋商和影响，在双方之间寻求共识。在集体协商过程中，要取得双方满意的结果，既要考虑职工方的利益诉求，也应兼顾企业方的发展目标，从企业实际出发，通过有效的协商，使双方共同受益。

技能要求

一、宣讲集体协商和集体合同制度的意义

一项制度能否在企业中成功实施与职工的接受程度息息相关，因此，为了让集体协商和集体合同制度在企业中发挥更大的作用，劳动关系协调员需要向职工宣讲订立集体合同的意义，让职工意识到集体协商制度是调整劳动关系的重要机制。集体协商和集体合同制度在保护和增进劳动者权益、促进企业健康发展、构建和谐劳动关系等方面，都具有不容忽视的独特作用。

（一）有助于实现职工参与和民主管理

在个别劳动关系中，企业的经营管理规则、劳动条件、劳动报酬的确定往往都是企业单方面的行为，企业管理方说了算。集体协商和集体合同制度则搭建了平等协商这个平台，使劳动关系双方可以共同讨论和分析企业经营发展状况，商议确定劳动条件、劳动标准，甚至是重要的企业规章。劳动关系双方协商的过程，就是职工关注企业发展、参与企业管理，管理方与职工方交流、沟通、互动的过程，这种协商民主的制度安排，有利于促进企业管理的民主化和社会的民主化。

（二）有助于减少劳动关系双方的冲突

企业集体协商是在企业内部解决劳企冲突的重要途径，也是冲突管理系统的重要组成部分。企业构建集体协商这一机制的重要原因就是希望在内部第一时间解决劳企冲突。集体协商的本质是职工方参与，在劳企沟通过程中将双方的分歧化解，集体协商会议、签订集体合同则是一系列劳企沟通过程的结果。

在集体协商的过程中，潜在的冲突大部分都被集体协商制度以及前期的民主沟通的制度设计化解，避免了大规模的劳企冲突对劳动关系的破坏。因此，企业集体协商是企业进行冲突管理的重要机制，主要作用体现在冲突的预防和解决两方面。

（三）有助于发挥劳动者团体的力量

集体协商和集体合同制度，由劳动者的代表组织工会主导实施，有助于弥补个别劳动关系中双方地位不平等的不足。在个别劳动关系中，劳动者处于明显的弱势地位，单个的劳动者很难与强大的企业方抗衡；由工会代表劳动者与企业方协商，才能实现劳动关系双方力量的相对均衡。借助集体的力量使劳动关系双方的实际地位处于相对平等的状态。

（四）有利于从整体上维护职工的利益

伴随经济的发展、社会的进步，广大劳动者迫切希望分享发展成果，改善和增进自己的权益。集体协商和集体合同制度为职工提供了一个平台，保障职工群体可以通过法定的途径和手段，与企业方平等地坐在一起，协商讨论上述话题，表达职工群众的期望与诉求，更好地保护和增进职工的权益。通过集体协商确定的优于劳动基准的劳动条件与标准，覆盖到企业每个职工的劳动合同，从整体上维护和增进了劳动者的利益。

（五）有利于促进企业可持续的健康发展

从企业运行角度看，集体协商和集体合同制度的有效运行也可以促进企业的健康发展。虽然集体协商的主要内容是维护和增进职工的权益，但在协商过程中双方本着求同存异、平等合作的态度共同商讨企业经营管理，特别是劳动关系领域的各项事务，在企业生产发展的基础上改善职工的劳动条件，使其能够分享经济发展的成果，其客观效果能够达到保护和调动劳动者生产积极性的目的。即便遇到不利环境，劳动关系双方也可以通过协商，共同应对。劳动者权益得到保护和增进，可以促进劳动关系的稳定，从而为企业的生产经营提供良好的可持续发展的环境，实现双赢。

（六）有助于形成企业与职工的命运共同体

集体协商的价值最重要的并非其取得的利益分割结果，而是其在追求民主参与、劳企合意的过程中形成的劳动关系双方相互信任的命运共同体。尽管劳动关系双方是对工资、劳动保护等问题进行协商，但双方是建立在长期合作意愿的基础上，为了企业和职工更好的发展进行协商。同时，通过集体协商，职工方更加了解企业的经营状况、发展规划，企业方也更加了解职工方的个人诉求，双方成为基于长期信任的事业共同体甚至是命运共同体，这将提升整个企业的劳企关系格局。

二、集体协商中谈判类型的选择

为顺利进行集体协商、实现预期目标，劳动关系双方应采取不同的策略方针与技巧。策略运用是否得当，会直接影响集体协商的进程、效率和结果。

协商是谈判的一种理性方式，集体谈判的一般原理也适用于集体协商。美国学者沃顿和麦卡西对劳资谈判过程中的诸多因素进行了深入研究，划分了谈判的四种类型：分配式协商谈判、整合式协商谈判、态度塑造和组织内协商谈判。

（一）分配式协商谈判

这一谈判类型把协商谈判看成一种利益分配，协商谈判的结果是一方受益，另一方承担损失。比如职工方获得 10%的加薪，企业方就承担相应数额的支出，减少自己的收入。这种理论的出发点是认为某种资源是固定的、单一的，强调通过讨价还价对资源进行分配，为此，双方从特定立场出发提供对立的信息，协商谈判过程中的行为取向也基于自己的立场，很难相互协商达成折中意见。

在集体协商过程中，如果紧盯某一个目标不放，没有弹性、没有妥协，最后可能就会陷入僵持、对立的境况中，难以找到平衡点；或者即便签订了合同，双方未来的关系也很难长久和谐。当协商的重点放在短期利益“你多我少”的争执中时，长远利益可能就会被忽视。

因此，在协商过程中，如果经济环境不佳、谈判主题单一，双方争执就会比较激烈，难以达成一致。

（二）整合式协商谈判

整合式协商谈判也称双赢式协商谈判，指劳企双方针对共同面临的问题，通过相互协商一起解决问题。此类协商谈判发生在劳企双方能够无条件地认可对方需要或双方同时能够获得利益时。一般在企业方提供较大的灵活性或工会希望得到更多的工作安全保障时容易达成。

这种双赢式谈判，是我们特别倡导的。在我国，劳动关系双方尽管在具体利益方面存在差异，但根本利益是一致的。我们要通过协商谈判，共同解决问题，达成共识。劳动关系双方相互依存，缺一不可，双方在利益协商中找到平衡点，才能实现双赢。从双方长期共赢的角度去平衡短期利益和自身利益，甚至暂时做出一些妥协和牺牲以保证长远关系的维系和发展。

（三）态度塑造

一般来说，协商谈判双方的活动会产生合作、信任、对立等气氛，这种气氛最终对双方行为产生影响，也决定了最后的协商谈判结果。如合作会使双方易于认同对方的利益，更加容易达成有利于双方的协议；而冲突会引起双方互相诋毁，不承认对方利益的合理性，甚至认为对方的存在妨碍了自己的利益。

协商谈判过程中的态度，会对协商氛围产生直接影响。我们主张协商谈判的双方，立场要坚定，但态度要平和，摆事实讲道理，换位思考，把合作共赢的关系与氛围延续下去。

（四）组织内协商谈判

这一谈判类型发生在组织内部，参与协商谈判的代表（如工会）向自己的成员（会员）报告协商谈判结果，同时协商谈判代表也受到自己所代表的团体的影响。职工方协商谈判代表内部即是如此。首席代表与其他代表、所有代表与职工群众之间，会有各种互动和相互的作用，进而可能对协商的进程与走向产生影响。

协商代表在参与集体协商的过程中，一方面要接受群众的质询，及时吸收意见建议，做好沟通、解释、说服工作；另一方面也可以借助自己的人际关系，通过正式或非正式的方式，影响说服对方的协商代表，促成协商方案的达成。协商代表可以根据协商谈判类型的不同，采取一种或多种协商谈判策略，努力争取协商谈判的成功。

第二单元　集体合同的履行

知识要求

一、集体合同的效力

集体合同是工会代表职工与企业缔结的有关劳动条件、劳动标准的书面协议。它是国家劳动基准法与个人劳动合同之间的重要环节，对企业内部劳动关系双方具有约束力。因此，有人把集体合同称为“企业宪法”。集体合同的内容是劳动合同的基础，对劳动合同的内容具有约束效力，即集体合同的内容，对所有适用该合同的企业劳动合同的相关内容具有预先规定的效力，劳动合同的标准不得低于集体合同规定的标准。我国《劳动法》第三十五条规定：“依法签订的集体合同对企业和企业全体职工具有约束力。职工个人与企业订立的劳动合同中劳动条件和劳动报酬等标准不得低于集体合同的规定。”

集体合同一经签订生效就具有法律效力，受到法律保护。集体合同的效力体现在以下几个方面：

一是时间效力。指从集体合同生效至其终止的时限内，为集体合同有效的持续期间。在此持续期间，集体合同始终保持其效力。

二是人员效力。指集体合同对哪些人适用且具有约束力。集体合同对企业和企业全体职工具有约束力，双方都必须遵守集体合同的规定，不得违反。

三是法律效力。集体合同中劳动条件和劳动报酬的规定不得违反国家法律法规的规定；企业与职工签订的劳动合同在相关方面不得低于集体合同的规定。也就是说劳动法律法规的法律效力高于集体合同，集体合同的法律效力高于劳动合同。

二、集体合同的履行

（一）集体合同履行的概念①

集体合同的履行，是指集体合同当事人按照合同的约定，在适当的时间、地点，用适当的方法，全面完成各自承担的义务。当事人双方都完成了集体合同规定的全部义务，称集体合同全部履行；只完成了集体合同规定的部分义务，称集体合同部分履行；都没有完成规定的义务，称集体合同未履行。如果一方当事人完成了规定的义务，另一方当事人没有完成或者只是部分完成规定的义务，称集体合同单方面未履行，或者单方面部分履行。集体合同的履行以有效集体合同为前提。

在有关集体合同的地方性法规（如《北京市集体合同条例》和《江苏省集体合同条例》）中，集体合同的履行有如下规定：

1. 集体合同一经生效，集体合同双方应当履行。履行集体合同过程中发现问题，及时向对方通报，协商处理。

2. 集体合同双方应当建立集体合同履行情况的监督检查制度。集体合同一方或者双方每年至少向职工代表大会、职工大会或者职工代表会议报告一次集体合同履行情况。工资专项集体合同、集体合同中的工资条款或者附件的履行情况应当每半年公布一次。

3. 企业和职工方应当定期对集体合同的履行情况进行检查，并可以组织专门人员，监督集体合同的履行。检查中发现问题，应当以书面形式提交双方首席协商代表共同研究，协商处理。因履行集体合同发生的争议，当事人协商解决不成的，可以依法向劳动争议仲裁委员会申请仲裁。

4. 劳动行政部门应当将企业的集体合同履行情况列入企业劳动保障守法诚信档案，并按照规定予以公布。

（二）集体合同履行的原则②

集体合同履行是指集体合同双方当事人按照集体合同的规定

① 刘继臣. 共同的约定：集体合同与劳动合同［M］. 北京：中国工人出版社，2010.

② 中华全国总工会组织部，中华全国总工会集体合同部. 全国工会工资集体协商培训教材［M］. 北京：中国工人出版社，2011.

履行自己应当承担的义务。履行集体合同应当遵循实际履行、全面履行和协作履行的原则。

1. 实际履行原则

实际履行原则是指集体合同双方当事人按照合同规定的标的履行自己的义务，不得以其他标的或方式来代替。包括两个方面：一是一方当事人违约，即使接受了处罚，也不能以罚金或赔偿损失来代替合同标的的履行，除非违约方对合同标的的履行对另一方当事人已无实际意义。例如，企业如果未履行劳保用品发放的义务，违反了劳动安全卫生的专项集体合同，即使受到劳动行政部门的处罚，也必须按照合同约定发放劳保用品。二是一方当事人不履行合同时，另一方当事人有权请求仲裁机构和法院敦促其履行。实际履行原则要求劳动者一方要按照集体合同的约定提供劳动，企业则应按照集体合同的约定提供劳动条件。

2. 全面履行原则

全面履行原则是指集体合同双方当事人应按照约定全面履行自己的义务，它要求当事人按照合同约定的内容，在履行期限、履行地点以适当的履行方式全面地完成合同义务。当事人一方在履行中对合同约定义务的任何一个环节的违反，都违背了全面履行原则。特别需要注意的是，集体合同履行的内容不仅包括合同中的劳动条件、劳动标准条款，还包括合同中的程序性条款以及其他劳动关系事项的规定，如对职工方协商代表做出的权利义务规定。

集体合同的全面履行在很大程度上有赖于对集体合同履行所实施的监督检查。有效监督可以随时发现问题、督促整改。

3. 协作履行原则

协作履行原则是指集体合同双方当事人在合同的履行过程中发扬协作精神，共同完成合同规定的义务，共同实现合同规定的权利。集体合同是劳动关系双方经过协商签订的，双方之间高度的相互依存性，要求履行集体合同时密切协作。

协作履行原则要求任何一方都要保证自己能够实际、全面地履行合同。任何一方完成自己的任务都为合同的履行打下了良好的基础。

在集体合同履行的过程中，双方当事人要关注合同履行的实际状况，并进行必要的相互监督和检查。例如，可以建立由企业管理者和劳动者相同人数组成的监督小组，共同监督集体合同的实施。在双方遇到问题时，应及时进行沟通，寻求解决问题的办法，避免事态扩大。双方的积极协作是保证集体合同全面履行的重要基础。

三、集体合同的变更、解除与终止

（一）集体合同的变更、解除

双方协商代表协商一致，可以变更或解除集体合同或专项集体合同。变更或解除集体合同或专项集体合同同样适用集体协商程序。

1. 集体合同的变更①

集体合同的变更，是指在集体合同没有履行或没有完全履行之前，因订立集体合同所依据的主观和客观情况发生某些变化，当事人依照法律规定的条件和程序对原合同中的某些条款进行修改和补充。

集体合同的变更，主要是合同内容的变更。它可以是集体合同有效期限的变更，也可以是标准条件、义务性条款的变更。只要双方当事人协商一致，手续和内容合法，变更原合同关系是允许的。集体合同变更后，当事人之间的权利与义务随之发生变化。

2. 集体合同的解除

集体合同的解除，是指在集体合同没有履行或没有完全履行之前，因订立集体合同所依据的主客观情况发生变化，致使集体合同的履行成为不可能或不必要，当事人依照法律规定的条件和程序，终止原集体合同法律关系。

3. 集体合同变更、解除条件

① 刘继臣. 共同的约定：集体合同与劳动合同［M］. 北京：中国工人出版社，2010.

变更和解除集体合同不是随意的行为，而是有条件的。按照《集体合同规定》第四十条的规定，发生下列任何一种情况，可以变更或解除集体合同：

一是用人单位因被兼并、解散、破产等原因，致使集体合同或专项集体合同无法履行的。用人单位一旦发生这一系列重大变化，表明一方主体已经丧失或部分丧失履行集体合同的能力和条件，应当变更或解除集体合同。

二是因不可抗力等原因致使集体合同或专项集体合同无法履行或部分无法履行的。例如，地震、火灾、水灾、战争等自然或社会的不可抗力事件发生后，应当变更或解除集体合同。对于不可抗力事件，应当根据实际情况进行分析，具体认定集体合同不履行、部分不履行或延迟履行。

三是集体合同或专项集体合同约定的变更或解除条件出现的。

四是法律、法规、规章规定的其他情形。

必须指出，集体合同变更或解除，只是双方当事人的合同关系变化和终止，并不是说当事人之间原来存在的一切义务关系一笔勾销。如果企业破产，破产财产在清偿破产费用和公益债务后，应首先清偿破产人所欠劳动者工资、社会保险费用以及应支付给劳动者的其他费用。企业合并或分立后，集体合同主体变更了，但合并或分立后的企业仍然要承担或分担原集体合同规定的义务。

（二）集体合同的终止

集体合同解除与集体合同终止是两个不同的概念。前者是集体合同尚未全面履行或者根本没有履行而予以终止；后者则是指集体合同全面履行而告终止。当然，广义的集体合同终止也包括集体合同的解除。

在有关集体合同的地方性法规（如《北京市集体合同条例》）中，对集体合同的终止条件有如下规定，有下列情形之一的，集体合同终止：①用人单位依法破产、解散的；②集体合同期满或者双方约定的终止条件出现的；③集体合同期满后，一方不同意续订集体合同的。

延伸阅读

《劳动合同法》第五十六条的法律解释（节选）

一、“用人单位违反集体合同，侵犯职工劳动权益”的界定

用人单位违反集体合同，是指用人单位在其用工和劳动管理过程中未履行或未完全履行集体合同规定的义务，例如，劳动规章制度的制定，劳动合同的订立、履行、变更、解除或终止，不符合集体合同的规定；未完成集体合同规定的具体项目；未就集体合同的履行和变更按照集体合同的要求与工会合作（如不提供或者不如实提供履行或变更集体合同所需真实情况和资料），等等。因违反集体合同而侵犯职工劳动权益，既包括侵犯职工整体的权益，也包括侵犯特定职工群体（或某部分职工）的权益，还包括侵犯单个职工的权益。

二、用人单位违反集体合同的责任形式

（一）违约责任

用人单位对集体合同规定的义务全部或部分不履行的，除了不能或无须继续履行的情况外，应当继续履行集体合同，其中包括纠正违反集体合同的行为，继续完成集体合同规定的具体项目。用人单位违反集体合同，给劳动者整体、群体或个人造成损害的都应当承担赔偿或补偿责任。我国的集体合同立法还处在起步阶段，很不完备，故集体合同的违约责任主要由集体合同约定。

（二）行政责任

其中包括用人单位的行政责任，如罚款等行政处罚；还包括对违反集体合同负有责任的用人单位管理人员的纪律处分。

三、工会追究用人单位责任的方式

根据本条和《工会法》第二十条的规定，用人单位违反集体合同，侵犯职工劳动权益的，工会可以依法要求用人单位承担责任。这是工会监督集体合同履行的重要手段。对于违约责任，工会可以直接向用人单位提出诉求。例如，根据《劳动合同法》第

四十三条的规定，用人单位辞退劳动者违反集体合同规定的，工会有权要求用人单位纠正，用人单位应当研究工会的意见，并将处理结果书面通知工会。又如，根据《劳动合同法》第四条第三款的规定，在直接涉及劳动者切身利益的规章制度和重大事项决定实施过程中，工会认为不适当的，有权向用人单位提出，通过协商予以修改完善。对于行政责任，工会可以针对用人单位或其管理人员违反集体合同的行为，向有关国家机关或用人单位提出追究其行政责任的建议。

资料来源：王全兴. 劳动合同法条文精解［M］. 北京：中国法制出版社，2007.

技能要求

一、集体合同履行的监督检查

集体合同的效力只有通过合同的全面履行才能体现出来。因此，集体合同签订以后面临的最重要的问题，便是如何保证集体合同的有效履行。要保证集体合同的有效履行，必须建立起行之有效的监督检查机制，这套机制应该由严密的组织机构、行之有效的方式方法和对违约行为的处理处罚构成。

（一）集体合同履行监督检查的组织形式

集体合同的履行除需要双方当事人自觉恪守合同规定以外，更重要的是还必须建立起一个行之有效的监督检查制度。集体合同履行的监督检查工作从组织形式上看，主要有以下几种：

1. 以劳动行政部门为主实施的劳动保障监察，主要依托其基层组织（如劳动保障监察大队和中队）和劳动保障监察员开展工作，任务就是对企业劳动标准的执行情况进行监督检查，集体合同的履行也包含在检查项目之内。

2. 由企业党政工联合组成的集体合同监督检查小组。

3. 由企业的上一级工会（或以工会为主）组成的工会劳动法律监督组织，实施集体合同监督检查。

4. 职工代表大会下设的以工会和职工代表为主的集体合同监督检查专门小组。

实践中，各地不断摸索新的覆盖程度更高的监督检查组织机构。如加入工商、税务等部门，协同治理。各种形式的监督检查组织机构，形成了纵横交错的工作网络。

（二）集体合同履行监督检查的方式方法

集体合同履行的监督检查从其方式上来说，可以采取以下几种形式：

1. 常规巡查。即由监督检查组织机构定期就集体合同的履行情况进行检查。这种形式的检查，特点是比较细致和全面，往往涉及集体合同的各个方面，特别是劳动条件方面的条款落实情况，能够发现问题及时纠正。

2. 随机抽查。其特点是不定期和随时就集体合同的履行情况进行检查，而且事先不发出检查的通知。

3. 针对某个问题进行重点检查。例如，在因履行集体合同发生争议时或在争议得到平息和处理之后，及时就集体合同的履行情况进行检查。

4. 到期检查。集体合同到期时，对合同履行情况进行检查。可以通过职工代表大会，由相关人员对集体合同履行情况做出说明，并接受职工代表的质询。

（三）集体合同履行情况的收集整理

集体合同正式生效之后，集体合同的履行质量决定集体合同制度的效果。劳动关系协调员应该具备收集整理集体合同履行情况的能力。收集整理集体合同履行情况需要有正确的渠道和有效的方法。主要的渠道包括：实地调查、职工个别访谈、召开职工座谈会、约谈企业有关部门负责人等。

集体合同签订生效之后，首要的工作是以适当的方式向企业全体人员公布。在此阶段，劳动关系协调员应该重点关注企业公布集体合同的方式是否得当。现实当中一些企业的集体合同没有以有效的方式公布，很多职工甚至不知道本企业有集体合同。所以，劳动关系协调员首先应该了解集体合同公布是否充分，是否能让所有职工群众都知道集体合同的内容。根据企业的不同特点，集体合同文本可以采用不同的方式进行公布，如在企业宣传栏里张贴、在职工大会上宣布、在企业内部网站上公布，最好的办法是将集体合同印成手册发给每一位职工。如果需要确认是否已将集体合同文本送达每个职工，可以采用职工签收的方式。

企业职工是集体合同的重要主体，合同条款的履行情况与职工群众的切身利益密切相关，所以，进行职工访谈是收集整理集体合同履行情况最有效的途径。而个别访谈可以使职工消除顾虑，畅所欲言，表达最真实的想法和意见。劳动关系协调员应该详细记录职工的意见，并进行汇总分类，报告有关部门。

召开职工座谈会也是收集整理集体合同履行情况的重要途径。较之职工个别访谈，座谈会效率更高，可以在短时间内收集到多方面的信息，也比较容易发现哪些问题是职工群众普遍关心的问题，哪些问题是迫切需要解决的问题。

企业方是集体合同签订的另一方，而且集体合同的绝大多数条款属于企业方义务。因此，企业方的行为和态度对集体合同的履行至关重要。集体合同开始实施之后，每一个条款的落实都需要企业方有所作为，而且在每个阶段，集体合同履行的重点、步骤可能有所不同，劳动关系协调员应该主动约见企业有关部门的负责人，询问集体合同条款的落实情况。同时，了解企业方遇到的问题和障碍，协助进行必要的沟通协调工作，促进集体合同按期履行。

收集整理集体合同履行情况的信息，需要特别注意重点和层次。对于集体合同中的重点内容，要给予重点关注。比如在困难企业，工资的按时足额支付是职工群众最为关心的问题，在收集集体合同履行情况的信息时，对这项内容应该给予特别的关注，深入调查企业是否按照合同的约定，按时足额支付了职工的工资。在一些有毒有害问题集中的企业，劳动安全卫生是头等大事，因此必须首先对这方面的事项进行监督检查。

二、集体合同变更、解除的程序[①]

变更或解除集体合同或者专项集体合同，适用集体协商程序，即按照《集体合同规定》关于集体协商的程序执行。

1. 集体协商任何一方均可就变更或者解除集体合同或专项集体合同以及相关事宜，以书面形式向对方提出集体协商的要求。一方提出集体协商要求的，另一方应当在收到集体协商要求之日起 20 日内以书面形式给予回应，无正当理由不得拒绝集体协商。

2. 集体协商会议由双方首席代表轮流主持。

3. 集体协商未达成一致意见或出现事先未预料的问题时，经双方协商，可以中止协商。中止期限及下次协商时间、地点、内容由双方商定。

集体合同或专项集体合同变更后，应当自双方首席代表签字之日起 10 日内，由企业一方将文本一式三份报送劳动行政部门审查。

三、集体合同变更、解除的效力[②]

集体合同变更，是在原集体合同基础上所作的修改和补充，原集体合同关系并未发生改变。集体合同变更的效力不具有溯及的效力，只涉及合同未履行的部分，对已经履行的部分任何一方都不得要求对方返还。集体合同解除的法律后果具有特殊性。按我国《民法典》第五百六十六条的规定，合同解除后，尚未履行的，终止履行；已经履行的，根据履行情况和合同性质，当事人可以请求恢复原状或者采取其他补救措施，并有权请求赔偿损失。因为劳动关系具有人身性和财产性，劳动力的提供和劳动力的使用在劳动过程中实现。劳动过程结束后，已付出的劳动不能恢复原状，返还原物。集体劳动关系解除后，补救措施主要采用损害赔偿的方式。

① 佚名. 什么是集体合同的变更或解除，变更或者解除集体合同的条件和程序是什么［J］. 劳动和社会保障法规政策专刊，2008（8）：38-39.

② 李文军. 集体合同法律问题研究［D］. 重庆：西南政法大学，2003.

相关法律法规

1.《中华人民共和国工会法》

2.《中华人民共和国劳动法》

3.《中华人民共和国劳动合同法》

4.《工资集体协商试行办法》

5.《集体合同规定》

6.《劳动部　全国总工会　国家经贸委　中国企业家协会关于逐步实行集体协商和集体合同制度的通知》

7.《劳动和社会保障部　中华全国总工会　中国企业联合会/中国企业家协会关于开展区域性行业性集体协商工作的意见》

8.《工会参加工资集体协商的指导意见》

复习思考题

1. 简述集体协商和集体合同的概念。

2. 简述集体协商的基本内容。

3. 简述集体协商和签订集体合同的基本程序。

4. 简述集体协商准备阶段的工作内容。

5. 集体协商议题征集整理方法有哪些?

6. 集体合同与劳动合同的区别是什么?

7. 简述签订集体合同的原则。

8. 简述集体协商中的谈判类型。

9. 简述集体合同的效力。

10. 简述集体合同履行的概念和原则。

案例分析题

SZ煤矿是一家国有企业，煤矿业是当地的支柱产业，近年来当地政府一直在大力推行矿业的兼并重组，迫使企业方逐渐重视职工福利。此前，该企业职工已经与企业方进行过两次集体协商，但都是无果而终，主要原因是职工方对相关资料的掌握比较少，企业方在协商中拿出的数据资料都对职工方诉求的争取不利。本次集体协商开展之前，工会与职工代表决心在协商筹备上下功夫。企业工会了解到职工的主要诉求有三点：一是要求增设安检人员，加强井下环境安全保障。井下常出现小事故，虽尚未有人员受伤，但井下作业职工仍感到不安全。二是要求提高职工补贴。该企业低温及有毒补贴虽符合国家标准，但与本行业其他企业相比而言并不高，而且职工认为近年来企业利润有所增加，有能力提高补贴额度。三是要求撤销对 5 名职工因不满矿长排班安排而与之发生争执做出的停职处理决定。

资料来源：集体协商培训教材项目组. 集体协商职工方代表培训教材 [R]. 日内瓦：国际劳工组织，2019.

请思考：SZ 煤矿的工会与职工代表在筹备集体协商时，应收集哪些相关信息资料？这些信息资料从什么渠道获得？

第四章　劳动规章制度管理

学习目标

1. 熟悉劳动规章制度的概念、特征和意义，掌握劳动规章制度解释的方法。

2. 熟悉劳动规章制度的基本内容，掌握劳动规章制度的制定原则。

3. 掌握劳动规章制度制定的依据，掌握劳动规章制度的制定程序，熟悉劳动规章制度制定中的信息收集方法。

4. 熟悉劳动规章制度实施的主体、对象及原则，了解劳动规章制度实施的必要条件与基本要求。

5. 了解规章制度公示的意义，掌握劳动规章制度的公示与告知方法。

6. 了解劳动纪律的概念和内容，熟悉劳动纪律规章制度的实施原则，掌握对违纪职工的惩戒处理原则和程序。

第一节　劳动规章制度的制定

第一单元　劳动规章制度概述

知识要求

一、劳动规章制度的概念

劳动规章制度作为企业运营的规则之一，在企业劳动关系调节中有着重要的地位和作用。劳动规章制度，又被称为雇佣制度、从业规则或工作规则。1959 年，国际劳工组织将劳动规章制度定义为企业界对工作规则、企业规程、服务规则、就业规范、职场纪律的统称，供企业的全体从业人员或大部分从业人员使用，专对或主要对就业中从业人员的行动做出的各种有关规定。

《劳动法》第四条规定：“用人单位应当依法建立和完善规章制度，保障劳动者享有劳动权利和履行劳动义务。”我国《公司法》第十八条第三款规定：“公司研究决定改制以及经营方面的重大问题、制定重要的规章制度时，应当听取公司工会的意见，并通过职工代表大会或者其他形式听取职工的意见和建议。”《劳动合同法》第四条第一款规定：“用人单位应当依法建立和完善劳动规章制度，保障劳动者享有劳动权利、履行劳动义务。”

本教程所称的劳动规章制度是指用人单位按照法定程序制定的，在用人单位内部实施的组织劳动过程和进行劳动管理，对用人单位和劳动者具有约束力的劳动规章制度的总称。依据《劳动合同法》第四条第二款的规定，劳动规章制度的内容包括直接涉及劳动者切身利益的劳动报酬、工作时间、休息休假、劳动安全卫生、保险福利、职工培训、劳动纪律以及劳动定额管理等。

二、劳动规章制度的基本特征

（一）调整对象和适用范围的特定性

劳动规章制度是用人单位和劳动者在劳动过程中的行为规则，它的调整对象仅限于劳动过程或者与劳动过程密切相关的事项，凡是与劳动过程无关的事项，都不应通过劳动规章制度来规范。另外，劳动规章制度通常以用人单位内部公开的和正式的行政文件为表现形式，仅在本单位内适用，超出本单位范围，自然就失去了效力。

（二）制定过程的合意性

关于劳动规章制度的制定，是用人单位的“单决权”，还是用人单位和劳动者双方的“共决权”，实践中还存在不同看法。作者认为，按照《劳动合同法》第四条的规定，劳动规章制度的制定应坚持“共议单决”，用人单位在制定劳动规章制度时应当充分听取劳动者意见，对其合理化意见和建议应当吸收采纳，对不能吸收的意见和建议，也应当予以解释和说明，劳动者虽然依法享有参与权和建议权，但是劳动规章制度的最终决定权属于用人单位。

（三）约束力的双向性

劳动规章制度的内容是基于劳动者与用人单位之间存在的劳动关系而产生的权利和义务，不单纯是用来约束劳动者的，用人单位的管理行为也要受劳动规章制度的约束，既要维护企业正常的生产经营秩序，又要保证劳动者的合法权益得以实现。

三、劳动规章制度的意义

用人单位劳动规章制度是整个组织机构正常运行的制度保障，没有合理的劳动规章制度，组织和机构的作用就无法真正发挥出来，用人单位的生产和经营活动也无法正常进行。只有通过劳动规章制度来规范职工的岗位职责和行为，才能使组织和机构正常运转，并充满生机和活力。

（一）劳动规章制度是用人单位正常运行的保证、组织成员行动的指南

在组织的运行过程中，针对组织内部成员的劳动关系管理主要有四种工具可以运用，分别是劳动法律法规、劳动合同、集体合同以及劳动规章制度。在劳动关系管理中，由于劳动法律法规的局限性、劳动合同的单一性以及集体合同在劳动关系管理中作用的有限性，劳动规章制度较好地弥补了以上三种劳动关系管理工具的缺陷，与这三种劳动关系管理工具共同构成了劳动关系管理体系。

劳动规章制度虽属调整个别劳动关系的规范，但劳动规章制度规定的是用人单位共通的权利义务，适用于用人单位的所有劳动者。劳动规章制度明确了组织的劳动条件和组织成员的行为规范，可以大量减少因劳动条件不统一或对行为规范的解释不一致所引发的劳动争议。因此，劳动规章制度保证了组织的正常运行，

是组织成员行动的指南。

（二）劳动规章制度是用人单位奖惩的依据

《劳动法》第四条规定：“用人单位应当依法建立和完善规章制度，保障劳动者享有劳动权利和履行劳动义务。”这里的劳动权利和劳动义务仅仅是一种抽象的法律规范。在具体的劳动条件确定和劳动关系运行中，这些抽象的法律规范很容易产生歧义以至引发劳动争议。用人单位劳动规章制度就是对以上抽象的法律规范的具体规定与解释，它明确了工作场所的劳动条件与行为规范。

可见，劳动规章制度是用人单位劳动条件及劳动纪律等方面的具体规定，不论其法律性质如何，劳动规章制度都对用人单位的劳动者具有规范作用。因此，用人单位的奖惩必须以劳动规章制度为依据，这样才有助于用人单位对工作场所的正常管理，保障用人单位的日常运转，防止劳动争议的发生。

（三）劳动规章制度是劳企双方维权的利器

劳动规章制度是用以规范劳动者个人与用人单位之间的个别劳动关系运行的用人单位规则，是用人单位制定劳动合同的主要依据之一。

市场经济中的用人单位，因为拥有经营自主权，也就拥有了对劳动者进行指挥命令的管理权，因此，用人单位通过制定劳动纪律、行为规范等手段来促使劳动者履行劳动义务，对劳动者进行管理。但是，市场经济中的用人单位毕竟是以追求利润为目标的，很容易牺牲劳动者的利益甚至侵犯劳动者的权利。所以，法律规定劳动规章制度要通过民主程序制定才能具有法律效力，即“用人单位在制定、修改或者决定有关劳动报酬、工作时间、休息休假、劳动安全卫生、保险福利、职工培训、劳动纪律以及劳动定额管理等直接涉及劳动者切身利益的规章制度或者重大事项时，应当经职工代表大会或者全体职工讨论，提出方案和意见，与工会或者职工代表平等协商确定”。通过民主程序制定的规章制度应该是劳企双方利益妥协和利益平衡的结果。

因此，劳动规章制度一旦具有法律效力，它就不仅仅是用人单位维权的工具，也成为劳动者维权的利器。

技能要求

劳动规章制度的解释

为了保证劳动规章制度的良好实施，企业必须做好劳动规章制度的解释工作。现阶段，我国企业的所有制形式多样，企业的生产规模、职工人数、产品种类、生产组织形式等都不尽相同，经营者的管理水平、职工的素质和企业劳动生产率也存在较大差异。因此，不同的职工、不同的管理环境、不同的文化背景和价值观决定了企业劳动规章制度不可能是一个模式，其内容和标准也不可能统一。不同企业制定的劳动规章制度都会有自己的特点，因此，企业应注意自身的特点，根据企业的实际情况选择适当的方法进行劳动规章制度的解释。

劳动规章制度解释的方法主要有以下五种。

（一）书面解释

劳动规章制度的书面解释是指以书面文字的方式进行意思表示。企业可将需要解释的问题在公开区域（如职工宿舍、职工食堂等）公布，或以发文形式送达各部门或是直接送达职工手中，以达到解释的目的。

（二）口头解释

劳动规章制度的口头解释，即对劳动规章制度中的相关条款做出口头化的说明。这是劳动规章制度解释时常用的方法之一，如职工提出有关劳动规章制度某条款的问题，企业行政及时地给予解释，以帮助职工加深对企业劳动规章制度的理解，消除疑惑。

人们大都倾向于面对面的直接沟通、口头沟通和双向沟通。口头解释能够较快、直接地处理问题，这就对劳动关系协调员提出了较高的要求。劳动关系协调员需要全面深刻地了解劳动规章制度的内容，熟知其制定依据，以便能够及时消除劳动者的疑惑，减少劳动争议的发生。

（三）会议解释

劳动规章制度的会议解释是指通过召开会议的形式解释企业劳动规章制度，是企业行政与职工为了解决某个共同的问题或出于共同的目的聚集在一起进行讨论、交流的活动。会议解释的优点是企业与职工双方能就相关问题进行双向沟通。

（四）培训解释

为了保证劳动规章制度的正确、合理实施，企业应开展劳动规章制度的培训。在实务操作中，劳动规章制度的培训解释通常是新员工培训的重要内容之一。在开展培训之前应当做好培训计划，主要包括以下内容：

1. 培训项目的确定。企业劳动规章制度的培训，首先应明确培训的目标群体和培训目标，在此基础上进行课程的安排。

2. 培训过程的设计。在设计培训过程时，应充分考虑实施过程的各个环节和阶段，合理安排培训进度。把劳动规章制度的核心问题分解为多个学习单元，按照各个单元之间的相互关系和难易程度确定讲授顺序和时间安排，形成一个完整的培训进度表。

3. 培训资源的筹备。培训需要的资源，包括师资、资金、场地等。劳动关系协调员还应做好时间、地点等信息的沟通与协调。例如，在时间方面，要制定课程时间安排表，包括培训项目的主要内容、相应的时间安排以及时间间隔的计划；在地点方面，应保证培训场地舒适、安静、独立，不受干扰且有足够大的空间，并应根据培训的要求安排座位。

4. 培训成本的预算。劳动规章制度的培训计划最终需要企业经营者批准，而企业经营者不仅关心计划的可行性，还关注培训的成本效益分析。因此，成本预算也是培训计划的一个重要内容。

（五）劳动争议案例解释

当企业与职工发生劳动争议时，合法的劳动规章制度是处理劳动争议的重要依据。通过具体的案例对劳动规章制度的条文进行解释，可以帮助职工更快、更好地理解劳动规章制度。

第二单元　劳动规章制度的基本内容和制定原则、依据、程序

知识要求

一、劳动规章制度的内容

（一）劳动规章制度的基本内容

1. 关于劳动条件的规定

劳动规章制度中关于劳动条件的规定，是企业在劳动关系运行中贯彻执行以《劳动法》为中心的国家劳动和社会保障法律法规条款的具体体现。因涉及劳动者的切身利益，劳动条件的规定要详细、准确、具体。具体应包括以下内容：

（1）工作时间及休息休假。包括标准工作时间、不定时工作时间、综合计算工时工作制、延长工作时间、年休假、探亲假、婚丧假、女职工产假等的规定。

（2）工资与劳动报酬。包括企业工资分配原则、工资组成、工资确定、工资调整、工资集体协商、工资支付、工资扣除、奖金、津贴及补贴等的规定。

（3）劳动安全卫生。包括安全卫生责任制、安全教育、安全卫生环境、安全培训、健康检查、女职工特殊安全卫生保障措施、安全卫生中的权利义务等的规定。

（4）职工培训。包括一般培训、脱产培训、业余培训、特别培训以及培训费用返还等的规定。

（5）社会保险和福利。包括社会保险项目、退休退职、医疗期、社会保险待遇、职工福利等的规定。

2. 关于劳动纪律、岗位规范等的规定

（1）劳动纪律。劳动纪律是劳动者在劳动过程中必须遵守的劳动规则和秩序，它是保障劳动者按照规定的时间、质量、程序和方法，完成自己所承担的工作任务的行为准则。企业劳动规章

制度可以对劳动者的时间纪律、组织纪律、岗位纪律、协作纪律、安全卫生纪律、品行纪律等做出规定。

（2）岗位规范。岗位规范是企业根据劳动岗位的特点，对上岗人员的行为提出客观要求，制定相应标准的综合规定。企业劳动规章制度中规定的岗位规范主要包括岗位工作的基本要求、岗位职责的规定、劳动者上岗标准的规定、生产技术规程的规定等。

（3）奖励与惩罚。奖励是企业对劳动者的激励和表彰，包括精神奖励和物质奖励；惩罚是企业对违纪人员的制裁和处罚。企业劳动规章制度中对奖励的规定主要是奖励的条件和奖励的种类，以明确获得奖励的具体要件和内容。对惩罚的规定包括实施惩罚的条件、处分的种类等内容。

3. 关于程序管理的规定

企业劳动规章制度中关于程序管理的规定。具体包括以下内容：

（1）员工招聘。其中包括招聘权限、招聘原则、招聘方式、招聘程序等。

（2）劳动合同管理。其中包括劳动合同订立、劳动合同续订、试用期、劳动合同期限、劳动合同内容、劳动合同履行、劳动合同变更、劳动合同解除、裁减人员、解除劳动合同的经济补偿、劳动合同终止等。

（3）劳动争议处理。其中包括劳动争议处理的原则、企业内部申诉机构以及劳动争议的预防等。

（二）对劳动规章制度内容的基本要求

1. 内容合法

劳动规章制度必须在现行法律框架内制定，不得违反国家法律法规及政策规定。劳动规章制度中违反法律法规及政策规定的内容自然无效，劳动者可以不受其约束。实践中，个别用人单位劳动规章制度存在违反国家规定的工时、休息休假等基本劳动标准的现象，有的甚至出现上下班搜查职工身体、限制职工婚育等违法内容。

2. 内容合理

劳动规章制度的内容除了做到合法以外，还要做到合情合理。如《劳动合同法》第三十九条规定，劳动者“严重违反用人单位的规章制度的”，“严重失职，营私舞弊，给用人单位造成重大损害的”，用人单位可以单方面解除劳动合同。对于严重违纪、严重失职、重大损害，法律没有做进一步的具体规定，需要用人单位在劳动规章制度中予以细化和完善。用人单位在界定这些问题时，就需要把握好一定的“度”。在如何把握合理与否的“度”上，虽然没有统一的标准，但不能超过正常人所能接受的程度，不得违背公序良俗。比如，有的用人单位对劳动者在工作时间内就餐、饮水、如厕等事项规定了较为苛刻的时限，正常人很难达到，这样的内容就属于不合理，甚至有可能侵犯劳动者人身权利。需要指出的是，当用人单位和劳动者就劳动规章制度内容的合理性问题发生争议时，最终要通过劳动争议仲裁委员会或者人民法院来裁决。

3. 不得与劳动合同、集体合同的内容相冲突

劳动规章制度、劳动合同、集体合同虽然都具有法律效力，但是当三者对同一问题的规定出现不一致时，劳动者可以选择适用对自己最有利的部分。因此，劳动规章制度的内容应与劳动合同、集体合同的内容充分衔接，避免发生冲突。

二、劳动规章制度的制定原则

企业作为生产经营的组织者和管理者，拥有对劳动者劳动力的管理权和支配权，制定劳动规章制度是其履行管理权的具体方式之一。合法制定的劳动规章制度具有法律效力，可以作为人民法院审理劳动争议案件的依据。因此，企业劳动规章制度的制定应该兼具合法性、民主性、真实性、效能性，在具体操作中企业应当遵循合法原则、民主原则和公正原则。

（一）合法原则

企业劳动规章制度可以被视为国家劳动法律法规及地方性法规的延伸，因此，合法原则是制定劳动规章制度时首先要遵守的

原则。从广义上讲，劳动规章制度不能与集体合同、劳动合同相矛盾，也可以划归为合法原则的要求。在遵守合法原则的前提下，保证制定的劳动规章制度公平、反映实际情况，这样的劳动规章制度对实际管理才更有针对性。

1. 劳动规章制度内容不能违法

这一点在前文中已有介绍。例如，劳动规章制度规定女职工在本企业工作 3 年以后才能怀孕生子，这就违反了法律的规定，侵犯了女职工的生育权。劳动者不仅可以不遵守，而且有权随时解除劳动合同，并要求企业支付经济补偿金。企业制定劳动规章制度不得违反法律法规的规定，并不意味着简单地照抄照搬法律条款，而是要联系企业的具体情况将法律规定具体化，使其具有可操作性。

2. 劳动规章制度不能与集体合同、劳动合同相冲突

企业劳动规章制度与集体合同、劳动合同以及劳动基准一起构成了劳动法协调劳动关系的重要工具，这些都是确定劳动关系当事人双方权利和义务的重要依据。厘清劳动规章制度与集体合同、劳动合同之间的关系，有助于制定正确合法的劳动规章制度。

关于企业劳动规章制度与集体合同的关系，一般认为，集体合同的效力优先于企业劳动规章制度；企业劳动规章制度违反集体合同时，劳动行政部门有权责令企业变更劳动规章制度的内容。也就是说，集体合同应当成为企业制定劳动规章制度的依据，企业劳动规章制度所规定的劳动者的权益不得低于集体合同所规定的标准。

关于企业劳动规章制度与劳动合同的关系，一般认为，在劳动合同订立过程中，劳动者有权了解企业的劳动规章制度，或者说，企业有向求职的劳动者公开企业劳动规章制度的义务。而且，在劳动合同中，一般也有劳动者应当遵守企业劳动规章制度的约定。这就意味着企业应当按照劳动规章制度的规定提供劳动条件和劳动待遇，也意味着劳动者承认企业劳动规章制度并愿意受其约束。

从国际惯例来看，三者的效力从大到小分别是集体合同、劳动规章制度和劳动合同，当三者之间发生冲突时，以高效力层级的规定为准。但是我国在“劳动规章制度与集体合同、劳动合同的规定不一致时应适用哪个”的问题上有着特殊的规定。《最高人民法院关于审理劳动争议案件适用法律若干问题的解释（二）》第十六条规定：“用人单位制定的内部规章制度与集体合同或者劳动合同约定的内容不一致，劳动者请求优先适用合同约定的，人民法院应予支持。”也就是说劳动规章制度与劳动合同的内容有冲突时，法院采用的判案标准完全是依照“劳动者请求”，劳动者可以选择适用对自己最有利的部分。因此，企业在制定劳动规章制度时应做好与集体合同、劳动合同的衔接，不能与集体合同、劳动合同相冲突。

（二）民主原则

民主原则反映在企业制定劳动规章制度时，要发动职工积极参与，听取职工意见，保证职工在企业劳动管理中实现参与管理的权利，这也是企业劳动关系管理的措施之一。

1. 劳动规章制度要综合反映职工的利益

企业劳动规章制度要从企业全体职工的利益出发，反映全体职工的意愿。劳动规章制度的目的是规范职工行为，只有符合全体职工的利益，才能激发和调动他们的积极性。鉴于此，企业要反复调研，广泛听取职工的意见，集思广益、综合分析，将全体职工的意愿反映出来。因此，我国《劳动合同法》第四条明确规定劳动规章制度的制定、修改或决定应当经职工代表大会或者全体职工讨论，提出方案和意见，与工会或者职工代表平等协商确定。

2. 劳动规章制度要以公示的方式向全体职工正式公布

企业要本着公开的精神，使全体职工都知晓企业的劳动规章制度，这是民主原则的重要体现，也是实现民主的有效方式和途径。只有职工知晓劳动规章制度，才能使劳动规章制度真正起到监督、规范职工行为，保障职工合法权益的作用。公开的内容包括劳动规章制度内容的公开、方式和程序的公开。公布是公开的正式程序和方式，在劳动规章制度经过一定的会议讨论通过后，必须采取公示的方式向全体职工正式公布。

3. 制定和执行劳动规章制度要受到民主监督

企业劳动规章制度的实施是企业管理者行政权力的运用，它和其他权力一样要接受民主监督。企业如果不把制定和执行劳动规章制度置于群众民主监督之下，它的形成和实施就缺少了群众基础，对后期的执行也不利。群众的监督主要体现在职工有权对劳动规章制度实施过程中企业管理者的行为提出批评、建议和意见，有权进行检举。

（三）公正原则

制定劳动规章制度属于企业内部管理工作，是企业经营自主权的体现。在这个过程中，企业要遵守公正原则，结合企业的实际情况，制定劳动规章制度的内容；正确处理职工与企业之间的关系，在涉及奖惩内容时，要做到合法、合理、合情。

企业劳动规章制度是法律法规在企业内部的细化、延伸，但是制定劳动规章制度并非照搬照抄法律条款，也不要抄袭别的企业的劳动规章制度内容，而是要以法律为衡量标准，以企业生产经营以及管理的实际情况为基础进行制定，如此制定出的劳动规章制度才能真正起到规范管理的作用。

企业与劳动者之间建立劳动关系之后，双方在权责上具有从属关系，企业使用劳动者的劳动力，安排其生产劳动；劳动者完成生产任务，遵守企业的劳动规章制度。这种权利义务的分配并不意味着企业在制定劳动规章制度时就能为所欲为，而是应当从维持企业正常管理和不侵犯劳动者合法权益的角度出发，否则制定出来的劳动规章制度不仅不能规范管理，还可能使企业受到法律的制裁。

制定劳动规章制度要注意做到公平合理、符合实际情况。比如，劳动规章制度规定职工迟到一次就立即解除劳动合同，这就是显失公平的内容。由此引发劳动争议时，企业将处于不利地位。

每个企业的情况千差万别，在同一企业内各个工种和岗位也各有特点，因此企业必须综合考虑，根据本企业的实际情况和存在的问题制定劳动规章制度。

除上述原则外，企业制定劳动规章制度还要对照上级单位的制度、方针政策和企业内部其他制度的内容，考虑到其中的协调性、一致性和匹配性，以保证劳动规章制度实施的有效性。

三、制定劳动规章制度的依据

（一）劳动规章制度制定的法律依据

我国关于企业劳动规章制度制定的法律依据主要包括《宪法》《劳动法》《劳动合同法》《公司法》以及其他配套法律法规。共同协商制定劳动规章制度不仅是企业和职工的权利，也是企业和职工应尽的义务，是劳动关系双方享有权利、履行义务的制度保障，因此，企业在与职工双方共同协商确定劳动规章制度时必须遵守上述法律的规定。

《宪法》第五十三条规定："中华人民共和国公民必须遵守宪法和法律，保守国家秘密，爱护公共财产，遵守劳动纪律，遵守公共秩序，尊重社会公德。"这里提到的"劳动纪律"就是企业劳动规章制度的重要组成部分。

《劳动法》第三条第二款规定："劳动者应当完成劳动任务，提高职业技能，执行劳动安全卫生规程，遵守劳动纪律和职业道德。"这里的"劳动纪律"就是指企业制定的劳动规章制度。《劳动法》第四条规定："用人单位应当依法建立和完善规章制度，保障劳动者享有劳动权利和履行劳动义务。"这里的"应当"表明，制定劳动规章制度，既是企业的法定权利也是企业的法定义务。依据《劳动法》第二十五条规定，劳动者严重违反劳动纪律或企业规章制度的，企业可以解除劳动合同。

《劳动合同法》第四条规定："用人单位应当依法建立和完善劳动规章制度，保障劳动者享有劳动权利、履行劳动义务。用人单位在制定、修改或者决定有关劳动报酬、工作时间、休息休假、劳动安全卫生、保险福利、职工培训、劳动纪律以及劳动定额管理等直接涉及劳动者切身利益的规章制度或者重大事项时，应当经职工代表大会或者全体职工讨论，提出方案和意见，与工会或者职工代表平等协商确定。在规章制度和重大事项决定实施过程中，工会或者职工认为不适当的，有权向用人单位提出，通过协商予以修改完善。用人单位应当将直接涉及劳动者切身利益的规章制度和重大事项决定公示，或者告知劳动者。”该法明确规定了企业必须依法建立和完善劳动规章制度，制定劳动规章制度的程序必须合法。

《公司法》第十八条第三款规定：“公司研究决定改制以及经营方面的重大问题、制定重要的规章制度时，应当听取公司工会的意见，并通过职工代表大会或者其他形式听取职工的意见和建议。”

《最高人民法院关于审理劳动争议案件适用法律若干问题的解释》第十九条规定：“用人单位根据《劳动法》第四条之规定，通过民主程序制定的规章制度，不违反国家法律、行政法规及政策规定，并已向劳动者公示的，可以作为人民法院审理劳动争议案件的依据。”

《最高人民法院关于审理劳动争议案件适用法律若干问题的解释（二）》第十六条规定：“用人单位制定的内部规章制度与集体合同或者劳动合同约定的内容不一致，劳动者请求优先适用合同约定的，人民法院应予支持。”

（二）劳动规章制度制定的企业内部依据

1. 企业的基本特征

企业的基本特征表现为行业特征和企业自身特征两个方面。行业的一切要求和标准对行业内所属的企业均具有约束力和控制力。因此，企业在制定劳动规章制度时，也应以行业的要求和标准为依据之一。

企业特征是企业的个性风格，它对制定企业劳动规章制度也会产生一定的影响。例如，企业可能依据企业自身的理念（如决策者的观念、性格等），对职工提出一些有利于企业发展的基本要求和基本规则。这类要求是在企业经营发展过程中不断总结出来的，并逐渐成为企业内部的规则。

2. 企业的管理制度

企业的管理制度包括企业对生产的管理制度、对人力资源的管理制度、对用工的管理制度、对后勤的管理制度、对财务的管理制度、对经营计划的管理制度、对市场的管理制度、对服务的管理制度等。其中，对企业劳动规章制度影响最大的是企业的人力资源管理制度和用工管理制度等。因为企业的劳动规章制度是在企业人力资源管理制度和用工管理制度的基础上制定的，其规则必须要全面反映企业人力资源管理和用工管理的基本思想和基本内涵。

3. 企业形象战略目标

企业形象战略目标规定着企业的形象战略。企业形象战略的内容主要有产品形象、员工形象、品牌形象、环境形象等。其中，员工形象由员工的各项表现形成，包括员工的着装、精神风貌、语言特征、行为表现等。而这些内容又是企业劳动规章制度中所必备的内容。这说明企业的形象战略目标是企业制定劳动规章制度的一个重要依据。而劳动规章制度是企业战略目标具体分目标的一种表现，是实现企业战略目标的一种具体规划。

四、劳动规章制度的制定程序

根据《劳动合同法》第四条的规定，劳动规章制度制定的程序一般包括起草、讨论、通过和公示四个步骤。

（一）起草草案

劳动规章制度的起草一般有两种情况：一种是起草新的劳动规章制度，一种是修改旧的劳动规章制度。草案一般由企业行政人员起草，也可委托外界顾问或专家代为起草。起草草案的具体过程可依照以下程序进行。

1. 选定起草人员

拟定劳动规章制度是一项具有较强政策性、知识性和技术性的工作，需要专业的团队才能完成。企业应当选择掌握法律政策，熟悉企业实际经营状况，有管理知识以及较高文字写作能力的人员组成起草团队，承担企业劳动规章制度的起草工作。起草团队中既要有企业领导和人力资源管理业务人员，也要吸收工会干部和职工群众，以形成多层次的人员组合。起草团队的人数没有特别的规定，但是要注意精干有效的原则。如果企业难以组成专业化的起草团队，也可以委托专门的劳动政策法律咨询机构代为起草。

2. 拟定起草大纲

为了保证起草工作有序进行，在确立了起草班子后，要由起草人员拟定起草大纲。起草大纲，就是确定劳动规章制度的基本框架、体系构成、内容梗概，明确起草工作的指导思想、方法步骤、人员分工、起草工作的要求以及完成起草工作的时间等。起草大纲须经企业行政部门讨论审定后方可开始起草工作。起草大纲决定着以后起草工作的成败，一定要反复论证，多征求职工群众和有关专家的意见，确定成熟后再着手起草。

3. 形成草案文稿

起草工作人员按照起草大纲确定的劳动规章制度的框架和内容，在计划时间内进行起草工作，形成劳动规章制度草案的文稿。形成的草案文稿虽然不是正式的劳动规章制度，但也应符合劳动规章制度的外在表现形式，即符合一般的格式，内容也应全面。

（二）职工讨论

《劳动合同法》第四条第二款规定："用人单位在制定、修改或者决定有关劳动报酬、工作时间、休息休假、劳动安全卫生、保险福利、职工培训、劳动纪律以及劳动定额管理等直接涉及劳动者切身利益的规章制度或者重大事项时，应当经职工代表大会或者全体职工讨论，提出方案和意见，与工会或者职工代表平等协商确定。"这里确立了劳动规章制度在制定程序上必备的法律程序，即经由职工代表大会或全体职工讨论、修改。

起草劳动规章制度和起草其他文件一样，需要经过反复的修改才能成熟完善。同时，劳动规章制度草案文稿的修改讨论，不只是简单的起草工作程序，而是企业制定劳动规章制度坚持民主原则和公正原则的具体体现，修改的过程也不只是对文字的简单增删，而是对劳动规章制度内容的更进一步认识和深化，使其更加成熟和完善。

企业劳动规章制度草案的修改，应按照一定的步骤进行。通常先由起草人员自行修改，然后召开职工代表大会或全体职工大会讨论、修改，之后再由起草人员在征求各方意见的基础上进行综合整理、去粗取精，对文稿进行修改补充。在讨论、听取修改意见时，要让企业职工畅所欲言，充分发表对劳动规章制度草案的各种意见；既要听取同意的、赞扬的意见，也要吸纳批评的、反对的意见。经过反复讨论和征求意见，对文稿做反复的修改后，形成比较成熟的审议文稿。

（三）协商通过

在形成企业的劳动规章制度审议文稿后，企业需要派代表同工会或者企业职工代表共同对企业劳动规章制度审议文稿进行协商，最终形成企业劳动规章制度的终稿。在我国，虽然司法解释要求劳动规章制度要“通过民主程序制定”才能具有法律效力，但对何为“民主程序”并无明确的说明。根据我国相关法规政策，一般认为，“民主程序”包含工会同意、职工代表大会通过、职工代表投票通过等几种方式。

（四）制度公示

企业制定的劳动规章制度，经法定程序，确认其内容合法、程序有效后，要由企业法定代表人签字并加盖企业行政公章，作为正式文件向全体职工正式公布。公示是指把劳动规章制度告知每一个新加入企业的劳动者，或者是把新制定的劳动规章制度正式公布，告知企业的所有劳动者。关于公示的方式，我国并没有相关的规定或要求。在实务中，企业公示的目的是使职工知晓企业的劳动规章制度，企业可以通过网站、电子邮件、公告栏、员工手册、会议、培训和劳动合同附件等途径和方式进行公示，告知职工必须遵守企业制定的劳动规章制度。需要指出的是，企业还必须有证据证明职工已经知晓企业的劳动规章制度，否则会产生不利的后果。

技能要求

劳动规章制度制定中的信息收集方法

制定劳动规章制度需要有系统全面的信息作为前提与基础。信息收集的方法通常包括文案调研法、焦点小组访谈法、头脑风暴法、深层访谈法、德尔菲法、观察法与问卷调查法。企业应根据自身的具体情况选择合适的方法收集信息。

（一）文案调研法

文案调研法是指利用企业内部和外部现有的各种信息、情报资料，对调查内容进行研究的一种调研方法，也称间接调研法、室内调研法、桌面调研法。此方法常以收集文献性信息为主，偏重于从动态角度收集信息。使用此方法收集信息往往不受时空的限制，可以获得实地调查难以取得的大量历史资料。

文案调研法的优点是成本较低、资料容易获得以及收集资料所用时间相对较短。但此方法也有明显的缺点，包括：难以适应和反映现实中正在发生的新情况、新问题；收集的资料与调查目的往往不能很好地吻合，数据不能完全适用于需要解决的问题；要求执行人员具有较广泛的理论知识、较深厚的专业知识和技能功底；难以把握所收集资料的准确性。

（二）焦点小组访谈法

焦点小组访谈法又称小组座谈法，就是采用小型座谈会的形式，挑选一组具有同质性的人，在一个装有录音录像等设备的房间内，在主持人的组织下，就某个专题进行讨论，从而获得对有关问题的深入了解。使用该方法时可以同时访谈若干个受访者，一个人的发言会点燃其他人的思想火花。小组座谈的过程是主持人与多个受访者相互影响、相互作用的过程，想要取得预期效果，不仅要求主持人要做好各种准备工作，熟练掌握主持技巧，还要求主持人有驾驭会议的能力。

焦点小组访谈法的优点是：资料收集快、效率高，取得的资料较为广泛和深入，能将调查与讨论相结合，可进行科学检测，结构灵活。该方法的缺点是：对主持人要求较高；容易造成错误判断；小组成员选择不当会影响调查结果的准确性和客观性；因回答结果散乱，后期对资料的分析和说明都比较困难；有些涉及隐私、保密的问题，很难在会上讨论。

（三）头脑风暴法

头脑风暴是指由一位主持人和几位专家组成一个小组，在主持人的主持下专家按一定的顺序依次发言。第一位专家发言后，第二位专家结合第一位专家的观点发表自己的意见，依次类推，直到最后一位专家发表完自己的意见，则第一轮发言结束。然后再从第一位专家开始第二轮发言，在第二轮发言中如果某位专家没有需要补充的观点或意见，则可以保持沉默，由下一位专家发言，由此轮到最后一位专家。这样一轮一轮循环下去直到每一位专家都没有需要补充的观点。

头脑风暴法与焦点小组访谈法存在区别。首先，焦点小组访谈法是自由发言，而头脑风暴法则是按某种顺序依次发言。自由发言使小组成员之间的思想碰撞比较激烈，因此焦点小组访谈的结果一般比头脑风暴的结果深刻、全面。而头脑风暴法由于采用按顺序依次发言的方式，其实施过程比焦点小组访谈法容易。其次，在焦点小组访谈法中主持人发挥至关重要的作用，而在头脑风暴法中主持人的作用则要小得多，这使得头脑风暴法比焦点小组访谈法更容易实施，因为挑选合格的主持人很难。而由于没有主持人适时地追问、鼓励，头脑风暴法的效果可能要比焦点小组访谈法差一些。

（四）深层访谈法

深层访谈是指调查员和一名受访者在轻松自然的气氛中围绕某一问题进行深入的讨论，目的是使受访者自由发言，充分表达自己的观点和情感。该方法没有规定的结构，通常采用一对一的方式，简单直接。

深层访谈法的优点有：①消除了群体压力，能更自由地交换信息，提供更真实的信息；②一对一的交流使受访者感到自己是调查员关注的焦点，自己的感受和想法是重要的，这会使受访者更乐于表达自己的观点、态度和内心的想法；③便于对一些保密、敏感的问题进行调查；④能将受访者的反应与其自身联系，便于评价所获资料的可信度。

深层访谈法的缺点是：①无法产生受访者之间的相互刺激和碰撞；②比焦点小组访谈法成本高，这使它在实际的使用中受到一定限制；③调查的无结构性使这种方法比焦点小组访谈法更容易受到调查员自身素质高低的影响；④深层访谈的结果和数据常常难以解释和分析。

使用深层访谈法需要注意以下事项：①接近受访者；②在访谈的最初，调查员应详细地介绍此次访谈的目的、受访者的回答有何意义，应指出受访者的回答对其自身没有任何不利影响；③调查员应有一个防止偏离访谈主题的访谈提纲；④在必要或时间允许的情况下，可以从受访者关心的话题开始，逐步缩小访谈范围；⑤在访谈中，调查员应始终保持中立的态度，适当地引导、追问，保持文明、礼貌，用语准确明了，避免使用生僻的专业术语，不能以审讯或命令的口吻提问，注意倾听。

（五）德尔菲法

德尔菲法是指通过函询的方式，征求每位专家的意见，经过客观分析和多次反复征询，逐步形成统一的结论。使用这种方法可以用背对背的判断替代面对面的讨论。

德尔菲法具有匿名性、反馈性及可对调查结果定量处理的优点。但是此方法主要是依靠专家判断，可能缺乏客观的标准。在得到调查组织者汇总的反馈资料后，专家可能会由于水平不够而做出趋中的结论。由于德尔菲法的调查反馈次数较多，持续时间较长，有的专家可能因工作或其他原因中途退出，影响调查的准确性。

（六）观察法

观察法就是通过观看、跟踪和记录调查对象言行来汇集信息资料。按观察结果的标准化程度不同，可划分为控制观察和无控制观察；按观察者参与观察活动的程度不同，可划分为完全参与观察、不完全参与观察和非参与观察；按所取得资料的时间特征不同，可划分为纵向观察、横向观察和纵横结合观察；按观察的具体形式不同，可划分为人员观察、机器观察和痕迹观察。

（七）问卷调查法

问卷调查法可以分为自填式问卷调查法和问答式问卷调查法。

自填式问卷调查是指在没有调查员协助的情况下完成问卷。由于被调查者在填答问卷时调查员并不在场，出现疑问时无人解答，所以这种方法要求问卷结构严谨，有清楚的填答说明。

自填式问卷调查法的优点是：①管理相对容易，成本较低，可以进行大样本调查；②被调查者可以选择方便的时间填答问卷，必要时可以参考有关文字记录而不必单纯依靠记忆进行回答；③由于填答问卷时调查员不在场，因而可以减小被调查者回答敏感性问题的压力。自填式问卷调查法的缺点是：①调查的回答率比较低；②不适合结构复杂的问卷；③调查周期比较长。

问答式问卷调查法的优点是：①提高回答率；②可以进行概率抽样；③在问卷设计中可以采用更多的技术手段；④能对数据收集所花费的时间进行调节。该方法的缺点是：①调查成本比较高；②对调查过程的质量控制有一定难度；③对于敏感性问题回答率低。

第二节　劳动规章制度的实施

第一单元　劳动规章制度实施概述

知识要求

一、劳动规章制度实施主体、对象及原则

劳动规章制度的实施主体为企业行政主体，劳动规章制度由企业行政主体发布并负责在企业范围内贯彻落实。

劳动规章制度的实施对象为企业职工，职工有遵守劳动规章制度的义务。劳动规章制度所规范的是职工在劳动过程中的行为，其实施有赖于全体职工的遵守执行。

因此，劳动规章制度的实施是在企业行政主体的监督下，职工对劳动规章制度的遵守和执行。其目的是通过规范职工的劳动行为，保证正常的生产劳动秩序。为保障劳动规章制度的客观性、准确性和公正性，在实施过程中应当遵守以下原则：①依章治企原则；②前后统一、全面实施原则；③各司其职、协作实施原则；④及时调整、合理实施原则。

二、劳动规章制度实施的重要机制

（一）劳动规章制度执行的监督与处罚机制

企业应当建立相关的制度实施监督与处罚机制，由监督者或机构进行相关的审查，监督各项制度的实施是否到位，并将监督结果直接上报管理机关，对实施不力的给予处罚，从而实现企业劳动规章制度的科学化、规范化。

（二）劳动规章制度信息完善反馈机制

建立劳动规章制度信息完善反馈机制，可以将制度实施中存在的问题及时反馈给高层管理人员，一方面能够及时对劳动规章制度进行相应的调整；另一方面通过设立新的劳动规章制度，弥补原有制度覆盖范围的不足。

三、劳动规章制度实施的必要条件

企业劳动规章制度实施的必要条件主要有以下几个方面。

1. 劳动规章制度的有效性。企业劳动规章制度具有效力是其实施的基本条件，具体来说包含两层意思：一是劳动规章制度的内容合法；二是劳动规章制度的制定实施必须在程序上合法。

2. 劳动规章制度的可操作性。企业制定的劳动规章制度要具有可操作性，条款具有一定的检验标准。劳动规章制度的一个重要作用是表明劳动政策、规范职工劳动行为，因此，必须具有实际规范的标准。

3. 实施机构的明确性。企业要把劳动规章制度的内容运用于生产劳动过程，使其在每一环节上都得以落实，必须要由相应的组织机构或专门管理人员负责。

4. 范围适用性。劳动规章制度对企业全体职工都适用，但并不是每一条规定在任何时候、任何岗位，对任何职工都适用，而是针对不同的工作岗位、不同的生产经营条件，规定不同的行为规范，确立不同的政策内容和标准，这些内容和标准只在规定的范围内具有约束力。

四、劳动规章制度实施的基本要求

企业劳动规章制度的实施应遵守与法律的实施执行相同的基本要求。一般认为，法律实施执行的基本要求是正确、合理、及时，因此，企业劳动规章制度的实施也应遵循以上三项基本要求。

（一）正确

正确实施劳动规章制度的要求主要体现在两个方面，一是事实认定要正确，即企业在劳动规章制度的实施过程中需要经过深入调查研究，在全面掌握事实证据的基础上，尽可能地做到事实清楚、证据确凿，这是保证劳动规章制度正确实施和执行的前提和基础；二是要根据相关法律法规和劳动规章制度的规定，对具体事件做出正确、适当的处理，务必做到宽严适度、奖罚分明。

（二）合理

劳动规章制度的合理实施是指公平、公正、合乎情理地实施劳动规章制度。一方面要做到在劳动规章制度面前人人平等，企业应平等对待每位职工。在职工的工作成绩上，要坚持公正考核、“论功行赏”。对于违反劳动规章制度的行为，一律按规定视情节轻重予以处罚。另一方面，在劳动规章制度实施过程中，要坚持程度适宜、奖惩适宜、宽严一致的原则，不能同一问题不同的奖惩标准。

（三）及时

劳动规章制度的及时实施是指在其正确、合理实施的前提下，为了提高工作效率，在规定的期限内，把劳动规章制度的内容贯彻到生产、劳动过程中，并对问题做出相应的处理。企业的劳动规章制度一经公布生效，就应当立即在企业贯彻执行。劳动规章制度中的政策性规定，凡是应执行国家法规政策规定的，当国家法规政策公布后，企业应立即执行；凡国家规定由企业自主决定调整标准的，应当在规定的日期内完成。例如，劳动规章制度中规定了发放工资的时间，企业不得拖延。关于职工社会保险问题，应按国家的规定为职工缴纳社会保险费，并在规定的日期内为职工办理缴纳手续。

技能要求

劳动规章制度的公示与告知

（一）规章制度公示的意义

公示是法律法规生效的一个要件，企业规章制度的生效也同样要经过这一程序。企业规章制度应该对其适用的对象公示，未经公示的企业规章制度，对职工不具有约束力。《劳动合同法》第四条第四款规定，直接涉及劳动者切身利益的规章制度和重大事项决定应当公示，或者告知劳动者。《最高人民法院关于审理劳动争议案件适用法律若干问题的解释》第十九条也明确规定了规章制度作为审判案件依据的要件之一是向劳动者公示。

（二）公示或告知的方法选择

关于如何公示、公示的方式及形式，法律上均无明文规定。实践中常见的方法主要有以下几种：

1. 阅读签字法。企业将规章制度交由每位职工阅读，并且在阅读后签字确认。阅读规章制度的签字确认，可以通过制作表格进行登记，也可以制作单页的声明由职工签字，内容可以包括职工确认“已经阅读”并且“承诺遵守”。

2. 发放签收法。企业将企业规章制度发放至每一名职工手中，职工收到规章制度后要签字确认。

3. 培训法。即企业对职工进行规章制度的培训。培训的方式多种多样，但是一定要求职工签到，同时需要注明培训时间、培训地点、参训人员、培训内容等必要信息，谨慎地保留好培训签到记录。需要注意的是，不要让其他人代替职工签字，即使代签的人和职工本人是夫妻关系。

4. 考试法。采用开卷或者闭卷考试都是可以的，没有任何区别。主要的是要有职工的签名，并保留好试卷。如果企业对考试参加者发放一定的奖励，会激励职工对规章制度的学习热情。

5. 大会公示。企业可以通过召开职工大会公示，并以适当方式（如签到和其他方式）来保留证据。利用此种方法时企业需要注意的是，职工签到的材料一定要反映大会的内容，一定要能够证明该次会议就是该规章制度的学习会议。

6. 公告栏张贴法。将规章制度的内容张贴在公告栏内进行公告，并且对公告的现场以拍照、录像等方式记录备案，并可由企业内的安保、物业管理等人员见证。

其他如电子邮件通知、局域网公布、作为劳动合同的附件等都可以作为公示或告知的方法。

上述方法并不都是安全可行的，前五种相对比较稳妥，只要不是他人代签姓名，一般都是有效的。后面四种公示或者告知方法可能存在一定的风险。

公告栏张贴法、电子邮件通知法、局域网公布法的风险在于取证的困难：对于公告栏张贴法，要对公告现场进行多种方式的证据固定和保留，还要保存一定的时间，这在实践中较难操作，同时，由于没有职工确认的任何证据，因此也存在举证的困难；对于电子邮件通知法和局域网公布法，则都因为它们是电子类证据，而电子类证据的取证非常困难，一旦出现争议，无法取得有力证据，就会非常被动。

将规章制度作为劳动合同附件，虽然从逻辑上讲是可行的，似乎也是一个很有效的办法，但实际上并非如此。一方面，将规章制度作为劳动合同的附件进行告知，同样需要劳动者签字确认才算完成了告知程序。另一方面，作为劳动合同附件的规章制度在修改时，必须要变更劳动合同才能够使该规章制度的修改生效。而变更劳动合同要比修改规章制度难得多，如果职工不愿意变更劳动合同相应条款或者附件，劳动合同就很难被变更。企业单方面变更劳动合同是没有效力的。

（三）做好公示告知程序的注意事项

1. 企业一定要有一个合法的公示或者告知的过程。

2. 企业一定要把这一过程作为证据固定化，以便在发生劳动争议时可以有效举证，证明自己的主张。

3. 认真保管档案资料，不得丢失。人力资源管理者要特别注意保存职工的签收记录、签到记录和试卷等资料。

（四）公示告知证据收集的注意事项

采用公示方式的，企业要通过拍照或录像的方式对公示的行为进行证据保存，并且最好在不同的时间多次拍照或录像，以证明公示的时间和公示行为的持续性。采用告知方式的，通知上要写明交给职工的规章制度的名称及规章制度中所包括的内容，并注明交给职工的日期，由职工签字确认，企业归档留存。

一旦发生劳动争议，无论采取何种方法收集证据，企业都要谨记，所收集保留的反映公示告知的证据要体现出两点：①职工已经知晓该规章制度；②职工所知晓的规章制度同劳动争议中企业所依据的规章制度内容一致。

第二单元　劳动纪律规章制度的实施

知识要求

一、劳动纪律的概念

劳动纪律，是指企业依法制定的要求全体职工在劳动过程中必须遵守的行为规则。劳动纪律是企业劳动规章制度的重要组成部分，是对劳动者生产工作中的行为进行统一、规范、协调和监督的手段，涉及劳动过程中人与人之间，人与劳动工具、劳动对象之间的管理。凡是进行共同的、集体的生产劳动，就必须按照一定的规则对劳动者的行动进行规范和协调，可以说，没有劳动纪律，社会化大生产就无法组织和进行。从劳动纪律的内涵可知，制定劳动纪律的目的是保证企业生产、工作的正常运行；劳动纪律的本质是全体职工共同遵守的行为规则；劳动纪律作用于集体生产、工作的全过程之中。

二、劳动纪律的内容

劳动纪律的内容通常包括时间纪律、组织纪律、岗位纪律、协作纪律、安全卫生纪律、品行纪律等。

1. 时间纪律，包括职工考勤、作息时间、请（销）假、休假等方面的要求和规则。

2. 组织纪律，包括职工听从指挥、服从调配、接受监督检查、保守工作秘密或者商业秘密等方面的要求和规则。

3. 岗位纪律，包括职工履行岗位职责、完成本职任务、遵守操作规程、遵守职业道德等方面的要求和规则。

4. 协作纪律，包括职工在工种、工序、岗位以及上下层级之间的衔接、协作和配合等方面的要求和规则。

5. 安全卫生纪律，包括职工在遵守安全生产和公共卫生制度、参加上岗培训、掌握安全卫生知识等方面的要求和规则。

6. 品行纪律，包括职工团结互助、爱护公共财物、厉行节约、保护环境、参加社会公益活动等方面的要求和规则。

三、制定劳动纪律的要求

劳动纪律是劳动规章制度的重要组成部分，其制定要求应符合有关法律对劳动规章制度的制定要求，具体而言，可以概括为三个主要方面。一是制定主体要合法。劳动纪律应当由企业和劳动者共同制定，既体现企业的用工管理自主权，又体现劳动者的民主管理参与权。二是内容要合法。劳动纪律的内容不得与法律、法规及政策相冲突。三是制定程序要合法。企业应当严格履行《劳动合同法》规定的民主程序和公示程序。

四、劳动纪律规章制度的实施原则

劳动纪律规章制度的实施，即劳动纪律的遵守与执行。根据我国劳动关系的性质和特点，劳动纪律规章制度的实施应当体现以下两个原则。

（一）坚持奖惩与思想教育相结合

将职工遵守劳动纪律的情况与其自身经济效益挂钩，对守纪情况良好的职工给予一定的物质奖励，对严重违反纪律规定的职工扣发奖金等，是促使职工遵守劳动纪律的有效手段。此外，还要通过经常性的思想教育，帮助职工树立正确的工作态度和纪律观念，增强其遵守劳动纪律的自觉性。

（二）坚持依法奖惩与自主奖惩相结合

依法奖惩，是指企业采取的奖惩措施和手段，不得违背法律、法规的强制性规定，不得滥用奖惩权。比如，实践中个别企业对违纪职工实施高额罚款、体罚、限制人身自由等惩处手段，均是违反法律、法规的行为。自主奖惩，是指在不违反法律、法规规定的情况下，企业可以自主决定对遵守劳动纪律模范职工的奖励，以及对违纪者的惩罚。这是企业用工管理自主权的重要体现。

五、劳动纪律规章制度的实施要求

（一）加强对职工遵守劳动纪律的教育和培训

定期对职工进行劳动纪律教育和培训，是实施劳动纪律规章制度的基础性工作。为了使职工全面了解和掌握劳动纪律规章制度的基本内容，企业需要定期进行这方面的培训，特别是对新入职的职工更加需要进行深入、细致的劳动纪律规章制度培训，既可以进行专题培训，也可以将劳动纪律融入其他培训课程中；既可以树立遵守劳动纪律的模范典型，发挥示范带动作用，又可以选择职工违纪案例，进行警示教育。总之，要通过教育和培训，使全体职工了解和掌握劳动纪律规章制度的内容，自觉、主动遵守劳动纪律。

（二）健全监督检查机制

加强对劳动纪律规章制度执行情况的监督检查，是增强制度执行力的重要保证。监督检查的内容包括劳动纪律的贯彻执行、违纪职工的处理、奖惩的兑现等情况。企业中的各级行政部门、各级管理人员对劳动纪律规章制度的实施都负有监督职责，应按照各自的权限和分工，对劳动纪律规章制度的实施情况进行监督检查。同时，还需要发挥企业工会、职工代表大会的作用，形成监督检查的合力，促进劳动纪律规章制度的落实。

（三）及时修改和完善劳动纪律规章制度

为了使劳动纪律规章制度得以全面贯彻执行，还需要劳动纪律规章制度的内容做到科学合理、符合企业自身实际。因此，企业管理者要定期听取一线职工或基层管理者的意见，及时废止或者修订不适当的劳动纪律规章制度，根据生产和管理的需要，不断增加新的内容。

（四）不断总结经验

提高劳动纪律规章制度的执行力，不是一蹴而就的，也不是一劳永逸的，需要不断实践、总结和提升。企业需要定期和不定期召开专题总结会、研讨会，总结劳动纪律规章制度实施的成功经验，查找存在的问题和不足，分析影响劳动纪律规章制度实施的原因，研究提出促进劳动纪律规章制度贯彻实施的有效措施。只有不断总结、不断改进，才能完善企业自身制度建设，使劳动纪律规章制度得到较好贯彻实施，为企业生产经营提供有力保障。

六、劳动者违反劳动纪律规章制度的处理原则

（一）以事实为依据，以规章制度为准绳的原则

违纪事实是对职工进行处理的基本前提，没有违纪事实就不能进行处理。在劳动争议仲裁和诉讼中，对于违纪事实的存在，由企业负举证责任。因此，企业只有在确实掌握职工的违纪事实，并调查收集到完整的证据后，才能着手进行处理。

（二）公开、公平、公正的原则

保证处理过程的公开和处理结果的公平、公正，对于保障规章制度的顺利实施具有重要意义。一方面，可以使被处理职工对处理结果心服口服，避免引发劳动争议；另一方面，可以增强其他职工对处理结果的认同感，增强劳动纪律规章制度的统一性和权威性。

（三）以教育为主、惩罚为辅的原则

企业制定劳动纪律规章制度的目的在于规范、统一职工在生产和工作中的行为，维护正常的生产和工作秩序，引导职工正确行使劳动权利，履行相应的劳动义务。对违反劳动纪律的职工进行处理，尽管是十分必要的，但不是最终目的。因此，在处理违纪职工时，应本着教育为主、惩罚为辅的原则，尽量给违纪职工改过自新的机会，不能为了惩罚而惩罚。

技能要求

如何惩戒处理违纪职工

（一）违纪职工的惩戒处理原则

企业和管理者在对违纪职工进行惩戒处理时，需要遵循以下原则：

1. 调查后才能惩戒。在事件调查清楚前不能启动惩戒程序，这一原则的贯彻是为了保证实事求是，防止处理草率和不客观、不公正。

2. 保障当事人的知情权和越级申诉权。在整个事件的调查过

程中和每一个必要阶段，都必须事先告知职工事件处理的动机和理由，并给予职工申诉的机会。

3. 公平对待原则。要确保事件处理的非歧视和公平对待，这一原则是为了保证惩戒处理的公正和公平性。

4. 合法合规原则。在事件处理中要严格遵循相关的法律法规和企业正式规则及程序，这一原则是为了保证处理的合法性和遵守契约。

5. 渐进惩罚原则。对违纪或行为不当职工实施渐进惩罚的原则，这是在处理中体现以教育为主的人性化理念。

（二）违纪职工的惩戒处理程序

对违纪职工实施渐进惩戒的处理，是指在对违纪职工进行惩戒的过程中，要由轻至重，区分出不同的处理阶段。一般分为四个阶段。

阶段一：口头警告。对违纪行为较轻或者初犯者，通常会提出口头警告，并告知原因。在警告阶段，职工有上诉权，也需要管理者做出相关的档案记录。警告期一般为数月至半年。在警告期内，如果职工改正较好，可以取消记录。

阶段二：初次书面警告。如果违纪行为较严重，或再次发生，职工将被书面警告。书面警告的内容包括惩戒的原因、处理的情况、对其改进的要求以及时限等。如果职工在指定期间内没有令人满意的改进表现，企业还将对其采取后续阶段的处理。违纪职工接受初次书面警告时应被告知有上诉权，但警告文本的副本存入其个人档案。书面警告期比口头警告期要长，一般为 12 个月左右。书面警告期结束后，如果职工有较好的行为和绩效改进，将不会启动后续阶段的惩戒措施。

阶段三：再次或最后书面警告。如果在初次书面警告之后，职工行为仍没有改进，或违纪行为较为严重，职工通常会受到最后一次书面警告。文本的内容和处理方式、期限等如同初次书面警告。

阶段四：解雇或停职。如果经历上述惩罚阶段之后，职工的行为和绩效改进仍然不能令人满意，通常就会被解雇。解雇时职工会得到书面通知，内容包括解雇原因、雇用结束的日期，并告知职工对此有上诉权。对于特别严重的行为不当，企业可即时解雇，而不需要事先通知本人或给予经济补偿。

在有些情况下，职工的违纪行为比较严重复杂，有必要进行调查。在调查期间，可以先停止职工的职务，并相应停止发放全额工资；但停职期不应过长，待调查清楚之后，企业需要立即拿出相应的处理决定。

在惩戒处理的每一个阶段，职工都可以针对处理决定进行上诉。上诉的程序一般是在规定的期限内，例如接到通知后 3 个工作日内，可以向部门经理和人力资源主管提出，并递交书面材料。部门经理听取上诉并且做出处理决定。如果可能的话，所有上诉都应该告知越级领导，或经过比参与原惩戒程序的管理人员级别更高的管理层听证。在上诉审理中，任何处理只能复查而不能增加处理措施，并保存对所有的惩罚和上诉处理的完整原始记录。

相关法律法规

1. 《中华人民共和国劳动法》

2. 《中华人民共和国劳动合同法》

3. 《最高人民法院关于审理劳动争议案件适用法律若干问题的解释》

4. 《最高人民法院关于审理劳动争议案件适用法律若干问题的解释（二）》

复习思考题

1. 简述劳动规章制度的概念与特征。

2. 劳动规章制度解释的方法有哪些？

3. 简述劳动规章制度的基本内容。

4. 劳动规章制度制定的程序包括哪几个步骤?

5. 简述劳动规章制度实施的原则。

6. 简述劳动规章制度公示的意义。

7. 劳动规章制度的公示与告知方法有哪些?各种方法都有哪些利弊?

8. 简述劳动纪律的概念和内容。

9. 简述劳动纪律规章制度的实施原则。

10. 简述对违纪职工惩戒处理的程序。

案例分析题

小王在某民营童装公司工作,公司老板对员工不错,小王很喜欢这份工作。眼看就要到月底了,小王心里越发忐忑,他这个月请了几天假去陪伴生病的女朋友,全勤奖肯定是没有了。更重要的是,拿不到全勤奖会影响自己的职业发展。小王心想:"公司每天都这么繁忙,考勤全靠打卡机,应该不会有人注意到我请假了吧。"于是,小王做了个"大胆"的决定。

月底,人力资源部负责考勤工作的小陈在核对考勤情况时,很快就发现了小王偷偷改掉的几次考勤记录。小陈很是吃惊,因为涂改考勤记录的行为他还是第一次遇到。带着小王涂改的考勤卡和公司的《员工手册》,小陈找到了公司员工关系主管郝姐。

郝姐了解了事情原委,几乎没有犹豫地对小陈说:"这种涂改考勤记录的行为太恶劣了,开除他吧。"小陈一惊,涂改考勤记录属于违纪是肯定的,但是直接开除有依据吗?郝姐似乎看出了小陈的犹豫,于是翻开《员工手册》,迅速找到一页递给小陈,只见上面写着:"员工私自涂改考勤记录或者其他资料的,公司可以给予警告、记过、记大过或者解除劳动合同处理。""你看,《员工手册》他们都看过签过字了,上面规定得很清楚,我们完全可以据此处理他,没问题。"

看着手中的一纸解除劳动合同通知书,小王也懵了,自己在公司勤勤恳恳工作了两年多，态度认真，技术也好，老板还在大会上表扬过自己，因为一时糊涂，就要被开除？可是看着自己签了字的《员工手册》，又听着郝主管斩钉截铁没有商量余地的解释，小王心里反复琢磨，“这处罚是合适的吗？到底哪儿出了问题？我得为自己讨个说法，走也得走得明明白白的”。第二天，小王带着这份解除劳动合同通知书和公司发给自己的那厚厚一本《员工手册》，走进了仲裁大厅……

请思考：

1. 小王和公司谁会在仲裁中胜诉？
2. 案例中提及的《员工手册》的条款编写合理吗？为什么？

第五章　企业民主管理

学习目标

1. 掌握劳企协商的概念、作用和形式，了解劳企协商议题的分类，了解劳企协商议题涉及的相关资料。

2. 掌握职工代表大会的性质、组织制度，了解职工代表的权利和义务。

3. 熟悉召开职工代表大会的规范流程。

4. 掌握厂务公开制度的概念和主要内容，了解企业厂务公开的主要经营指标。

5. 熟悉企业厂务公开方式的选择。

6. 掌握收集职工反馈意见的方法途径。

第一节　劳企协商管理

知识要求

一、劳企协商的概念

劳企协商是指在集体协商和集体合同制度以外，由用人单位的工会、职工代表或劳动者个人为一方，与用人单位的代表，就涉及劳动者集体或个人的合法的或法律未加以规定的权益事项和程序规范，以及工会组织自身的权利义务进行商谈的行为。协商的内容主要包括用人单位涉及职工切身利益的重要改革方案和规章制度的制定，用人单位各岗位的工作定额和劳动标准，劳动合同的签订、变更、解除和终止，以及工会组织、工会会员和工会工作人员权益保护的实体和程序规范。

二、劳企协商的作用

劳企协商的目标并非是达成一项集体合同或团体协约，不是劳企双方行使共决权，而是依照法律所规定的程序和事项，采取“先民主、后集中”与定期、不定期的协商方式，使用人单位的改革和发展战略、规章制度、劳动标准的制定和修改能够建立在劳企协商和职工参与的基础之上，使劳动者个人劳动合同的订立、变更、解除和终止能够反映个人的意愿和要求，使劳企协商的机制能够建立和渗透到用人单位任何层次和领域的决策过程中去。它是现代企业制度中职工民主参与和民主管理的重要形式之一，也是集体协商和集体合同制度的重要补充。

三、劳企协商的形式

劳企协商根据协商渠道不同，可以划分为正式协商与非正式协商。

（一）正式协商

正式协商是指通过组织明文规定的渠道进行信息传递和交流的方式，如正式的书面报告、组织之间的公函来往、组织内部的文件，以及面谈和会议等。书面形式的协商具有较强的权威性，信息全面，沟通效果好，但是沟通速度慢。正式的面谈对于及时发现问题，找到并推行解决问题的方法是非常有效的，可以使劳企双方进行比较深入的探讨，也可以讨论不易公开的观点，有利于建立劳企双方之间的融洽关系。会议协商可以满足集体交流的需要，便于参会人员了解总体工作进展情况。

（二）非正式协商

非正式协商是指未经计划的，或在非正式场合进行的协商。非正式协商是正式协商的有益补充。许多组织在决策时通常也会利用由非正式协商渠道传递的信息。同正式协商相比，非正式协商往往能更灵活地适应事态变化，省略许多烦琐的程序，并且能够提供通过正式协商难以获得的信息，能够真实地反映职工的思想、态度和动机。因此，这种协商往往对管理决策起到重要的作用。非正式协商的优点概括起来有三点：①形式多样、灵活，不需要刻意准备；②沟通及时，一旦发现问题，可以迅速协商从而使问题很快得到解决；③容易拉近劳企双方之间的距离。

四、劳企协商议题分类

劳企协商的议题非常广泛，它包括了所有劳动标准和劳动关系的制度规范。具体而言，主要可以划分成以下两个类别。

（一）劳动标准条件规范部分

劳动标准条件规范部分是劳企协商的核心内容和主要议题。主要有劳动报酬、工作时间、休息与休假、保险待遇与福利、职业培训、劳动安全卫生等内容。其中，劳动报酬主要包括用人单位的工资水平、工资分配制度、工资支付办法，加班、加点工资及津贴、补贴标准和奖金分配办法，工资调整办法，试用期及病、事假等期间的工资待遇，特殊情况下职工工资（生活费）支付办法，其他劳动报酬分配办法等；工作时间主要包括工时制度、加班加点办法、特殊工种的工作时间、劳动定额标准等；休息与休假主要包括日休息时间、周休息日安排、年休假办法，不能实行标准工时职工的休息休假，其他假期等；保险待遇与福利主要包括补充保险的种类、范围，基本福利制度和福利设施，医疗期延长及其待遇，职工亲属福利制度等；职业培训主要包括职业技能培训规划及年度计划、职业技能培训费用的提取和使用、保障和改善职业技能培训的措施等；劳动安全卫生主要包括劳动安全卫生责任制、劳动条件和安全技术措施、安全操作规程、劳保用品发放标准、定期健康检查和职业健康体检等。

（二）一般性规定和其他规定

一般性规定主要是指规定劳动合同履行的有关规则。包括职工录用规则，劳动合同的变更、续订规则，辞职、辞退规则等。

其他规定通常是指劳动标准条件的补充条款。

技能要求

一、收集整理劳企协商议题的意见和建议

在确定劳企协商议程的工作中，劳动关系协调员的一项重要工作是收集整理有关劳企协商议题的意见和建议。首先，要了解用人单位的劳动者对劳企协商议题的意见，尤其是与重要议题有直接利害关系的劳动者群体的意见。其次，还应听取用人单位经营管理者、相关部门的意见，以及相关的专家意见。征求用人单位各方面的意见不仅是为了了解相关需求、专业知识和技术等客观方面的信息，更重要的是要掌握各个方面对何为当前重大劳动关系问题的态度，以便确定劳企协商的主要议题。

在收集有关劳企协商议题意见和建议的过程中，要应用多种方法，对收集到的意见和建议进行归纳整理和综合研究。劳动关系问题往往涉及经济、社会、企业管理、劳动法律等多个领域，因此，在对其进行研究时需要具备和掌握多个学科的知识。同时，在具体的调查研究过程中也需要采用多种方法，例如问卷调查、个案访谈、座谈会以及文献资料分析、社会实践等方法。

在收集职工意见和建议时，劳动关系协调员应特别注意以下三点：①收集的职工意见和建议应围绕着共性的劳动关系议题，在议题内容上，应发挥劳企协商对集体合同和个人劳动合同的拾遗补阙作用，注重完善用人单位的劳动规章制度。②应特别注意职工因权益受到侵害而产生的各种不满情绪，及时将此类问题纳入劳企协商，避免劳动争议和群体性事件发生，防患于未然。③对职工意见和建议中反映出来的某些问题做进一步实地调查。在收集职工意见和建议时，劳动关系协调员应做到：平易近人，富有同理心；认真倾听，做好笔录；交流看法，共同分析；对其正当要求，尽力帮助解决；谈话记录应让职工过目。

二、收集劳企协商议题涉及的相关资料

在确定劳企协商议程以后，劳动关系协调员应围绕着本次劳企协商的议题，收集所涉及的相关资料。一般而言，劳企协商涉

及以下相关资料：

1. 用人单位的外部信息资料。主要包括国家现行法律法规中有关职工权益的基本劳动标准；政府发布的有关物价指数，工资指导线数据、最低工资标准，最低生活保障标准等；本地区劳动力市场供求状况及劳动力市场价格；同行业或同类型用人单位的平均工资水平和劳动标准。

2. 用人单位的内部信息资料。主要包括本用人单位生产经营及财务状况；近年来本用人单位劳动条件与劳动标准状况；人工成本；用人单位现行规章制度。以用人单位劳动规章制度为例，它包括用人单位制定的组织劳动过程和进行劳动管理的各项制度及规则。劳动规章制度一般包括劳动合同管理、工资管理、社会保险福利待遇、工时休假、职工奖惩以及其他劳动管理规定。

在收集用人单位外部和内部信息资料时，劳动关系协调员可以使用以下方法：查阅有关档案、资料；向有关部门及专业管理人员进行咨询；对有关当事人进行访谈；对收集到的原始材料进行分析、归纳和整理等。

第二节　职工代表大会管理

知识要求

一、职工代表大会的性质

职工代表大会是职工民主参与管理的基本形式，它和其他民主参与形式一起构成了我国基层组织中职工民主参与管理体系。职工代表大会是职工行使民主管理权力的机构。2012 年 2 月颁布的《企业民主管理规定》明确了职工代表大会（或职工大会）是职工行使民主管理权力的机构，是企业民主管理的基本形式。职工代表大会由全体职工选举的职工代表组成，它以职工广泛参与为特征；他们代表全体职工行使民主管理权力，表达全体职员意志，体现大多数职工利益，以少数服从多数为原则。职工代表大会行使的权力是民主管理的权力，按照1986年9月颁布的《全民所有制工业企业职工代表大会条例》的规定，它是指“审议企业重大决策、监督行政领导、维护职工合法权益等方面的权力”。职工代表大会也是职工参与沟通的制度平台，以协调利益关系为核心内容，以集体协商为基础。因此，职工代表大会是一个可以在一定范围内行使权力的机构。

二、职工代表大会组织制度

职工代表大会的组织制度，是职工代表大会开展活动，履行民主管理职能，完成其任务的组织设置与工作制度的总称。它主要包括职工代表大会的组织机构、工作机构、组织原则、工作方式和活动制度。

职工代表大会的组织机构包括大会主席团、代表团（组）和根据工作需要而设立的经常性或临时性的专门小组。职工代表大会主席团是职工代表大会会议期间的组织领导机构，并主持会议。根据《全民所有制工业企业职工代表大会条例》的规定，其成员“应有工人、技术人员、管理人员和企业的领导干部”，“其中工人、技术人员、管理人员应超过半数”。主席团成员必须是本届职工代表大会的正式代表，其人数可根据职工代表人数来决定。主席团不实行常任制。

民主集中制是职工代表大会的组织原则，也是职工代表大会的基本制度，它是职工代表大会协调行动、集中意志、充分发挥作用的重要保证。

为保证职工代表大会各项具体工作有序和有效开展，企事业单位应制定相应的职工代表大会实施办法，确定职工代表大会会议期间及闭会期间开展工作的各项制度。从职工代表大会的实践情况来看，职工代表大会的工作制度应包括职工代表大会的会议制度、职工代表大会专门小组工作制度、职工代表大会团（组）长和专门小组负责人联席会议制度、职工代表活动制度以及民主管理考评制度。

三、职工代表的权利和义务

《全民所有制工业企业职工代表大会条例》和《企业民主管理规定》对职工代表的权利和义务做了具体规定。职工代表只有明确权利和义务，才能更好地履行自己的工作职责，充分发挥参与管理的作用，并更好地维护自己的权益。

（一）职工代表的权利

《企业民主管理规定》规定了职工代表有以下权利：

1. 选举权、被选举权和表决权。

2. 参加职工代表大会及其工作机构组织的民主管理活动。

3. 对企业领导人员进行评议和质询。

4. 在职工代表大会闭会期间对企业执行职工代表大会决议情况进行监督、检查。

《企业民主管理规定》同时明确：职工代表履行职责受法律保护，任何组织和个人不得阻挠和打击报复。职工代表在法定工作时间内依法参加职工代表大会及其组织的各项活动，企业应当正常支付劳动报酬，不得降低其工资和其他福利待遇。

（二）职工代表的义务

《企业民主管理规定》规定了职工代表有以下义务：

1. 遵守法律法规、企业规章制度，提高自身素质，积极参与企业民主管理。

2. 依法履行职工代表职责，听取职工对企业生产经营管理等方面的意见和建议，以及涉及职工切身利益问题的意见和要求，并客观真实地向企业反映。

3. 参加企业职工代表大会组织的各项活动，执行职工代表大会通过的决议，完成职工代表大会交办的工作。

4. 向选举单位的职工报告参加职工代表大会活动和履行职责情况，接受职工的评议和监督。

5. 保守企业的商业秘密和与知识产权相关的保密事项。

技能要求

召开职工代表大会的规范流程

为建立健全职工代表大会制度，保障职工行使民主管理权力，促进劳动关系和谐发展，企业要结合实际，按照职工代表大会规范流程开好职工代表大会。召开职工代表大会的规范流程一般包括以下几个方面的要求。

（一）职工代表大会会前的主要工作要求

1. 建立制度

企业应当根据法律法规的规定，结合本企业的实际，制定本企业职工代表大会制度，主要内容包括职工代表大会职权、职工代表权利和义务、职工代表大会工作制度和民主管理其他形式。职工代表大会每年至少召开一次，要将召开职工代表大会列入企业年度工作安排，按期实施。

2. 确定议题

职工代表大会召开之前，企业应根据职工代表大会职权结合本企业经营发展的重点工作和职工关注的劳动权益热点问题确定本年度职工代表大会中心议题。职工代表大会议题可以由工会征求职工意见后提出，也可以由经营者提出，工会与企业协商确定。议题确定后，由工会牵头，有关方面参与，共同做好会议筹备工作。职工代表大会闭会期间，1/3 以上职工代表联名要求召开职工代表大会的，工会应当及时摸清事由。职工代表所提意见、要求基本合理，工会应积极与企业沟通，召开职工代表大会；职工代表所提问题属于有关工作未做细的，在认真进行整改的同时，工会应会同企业共同做好解释和疏导工作。

3. 征集提案

工会应围绕职工代表大会议题开展提案征集活动，发动职工广泛参与。提案由职工代表在征集所在选举单位职工意见后提出。提案可以由职工代表个人提出，也可以由多名代表联名提出。提案应以书面形式提出。工会应指导帮助职工代表提高提案质量，并及时将提案整理分类，确定整改落实部门和办结、答复时间，送经营者阅处后交有关部门办理。工会应对上届职工代表大会提案和落实情况进行汇总，做好向职工代表大会报告的准备。已被采纳并在实施中产生效益（效能）的提案，可以建议企业给予相应的奖励。

4. 材料准备

企业应准备以下材料：

（1）行政负责人的工作报告；

（2）依法应当提交职工代表大会审议的有关制度、方案的草案；

（3）上届职工代表大会决议落实和集体合同履行情况的报告。

工会应准备职工代表大会闭会期间企业实施和组织日常民主管理、民主监督情况的报告。

提交职工代表大会审议的报告、制度和方案，在起草制定过程中应当充分听取工会和职工的意见，同时必须是书面材料。

5. 选举职工代表及审查代表资格

职工代表大会召开前，工会应当组织好职工代表的选举，保证职工代表具有代表性和合法性。

6. 通知开会

职工代表大会开会通知应当采用书面等形式，告知每一位职工代表会议时间、地点及主要内容。同时应当安排好职工代表工作，保证会议的出席率。提交职工代表大会审议的报告、制度、方案草案等，应当提前 7 个工作日发至职工代表，以便职工代表团（组）组织职工代表讨论和征求选举单位职工意见；对已经多次讨论修改的方案草案，经工会同意，可以直接提交职工代表大会审议。

7. 其他准备

在召开职工代表大会之前，企业工会应主动向上级工会报告或填写职工代表大会会前情况报告表，上级工会认为有问题的，应及时了解情况并给予指导。

工会要组织职工代表学习有关法律法规，对提交职工代表大会审议的有关文件进行预审。职工代表大会如安排民主评议中高级管理人员的议程，应当通知被评议对象准备述职报告，同时准备民主评议表。职工代表大会如审议企业业务招待费使用情况，财务部门应当按规定准备相关材料，提交职工代表大会专门委员会（小组）预审后，再向职工代表大会报告。

（二）职工代表大会召开期间的主要工作要求

1. 职工代表大会预备会议

根据工作需要，企业在正式召开职工代表大会之前，可以召开预备会议。预备会议由工会负责人主持，职工代表大会正式代表参加。预备会议的主要任务是：

（1）听取职工代表大会筹备情况的报告，通过大会议程。

（2）报告职工代表（含列席代表、特邀代表）出席情况，通过代表资格确认和调整情况的报告。

（3）通过职工代表大会主持人。职工代表大会主持人由工会提名，可以是工会主席，也可以是企业行政负责人。规模较大的企业可以成立大会主席团，由主席团成员主持大会。中高级管理人员不应超过主席团组成人员总数的1/3。

（4）职工代表大会如安排有选举和审议通过事项，预备会议应讨论通过选举、表决办法，确定计票、监票人员。

2. 职工代表大会正式会议

正式会议由预备会议通过或工会与企业协商确定的主持人主持。工作人员清点出席本次会议的职工代表人数，并向大会主持人报告。出席会议的正式代表超过代表总数的2/3即可举行会议。职工代表大会正式会议的一般议程如下：

（1）大会主持人宣布大会开始。

（2）听取企业行政负责人关于企业经营管理的工作报告，以及有关人员对提交职工代表大会审议的有关规章制度、重大事项的说明。

(3) 听取工会关于开展日常民主管理工作情况的报告。

(4) 讨论行政、工会工作报告和有关制度、方案，提出修改意见和建议。职工代表大会可以根据需要，安排职工代表质询、职工代表发言等议程，可以组织职工旁听。旁听代表的数量和产生办法由企业工会根据企业实际情况确定。旁听代表有意见和建议应通过本选举单位的职工代表有序表达。

(5) 就职工代表大会审议的重要问题做出决议。职工代表大会决议应当采取无记名投票的方式表决，获得全体职工代表半数以上同意方为有效。职工代表审议涉及职工切身利益的规章制度的意见和建议应当形成会议纪要，在会后向职工公示。职工代表大会决议和纪要必须形成书面文件。

(6) 选举职工代表大会专门委员会（小组）组成人员。企业可以根据实际需要，设立民主管理、集体协商和规章制度制定、提案和合理化建议审查等专门委员会（小组）。专门委员会（小组）是职工代表大会的办事机构，负责完成职工代表大会交办的工作。

(7) 民主评议和监督企业中高级管理人员，提出意见和建议。

(8) 通过集体合同或专项集体合同。

(9) 宣布大会结束。

(三) 职工代表大会结束后的主要工作要求

1. 传达贯彻会议精神

(1) 职工代表向所在选举单位职工传达本次职工代表大会的主要精神，报告本人履职情况。

(2) 工会组织各职工代表大会专门委员会（小组）制订工作计划，落实职工代表大会交办的任务。

(3) 工会负责填报职工代表大会会后情况报告表，于职工代表大会闭会一周内向上一级工会报告。

(4) 公示职工代表大会审议，与工会协商一致的企业规章制度和经劳动行政部门审核通过的集体合同、专项集体合同。

2. 组织职工代表活动

企业行政会同工会组织职工代表检查职工代表大会决议、提案和集体合同的落实情况。

3. 处理职工代表大会闭会期间的重要事项

在职工代表大会闭会期间如遇到属于职工代表大会职权范围内的事项，对于一般事项，可以通过召开工会委员会会议或工会委员会扩大会议研究决定；对于需要职工代表评议、评估、测评和听取意见的事项，可以各代表团（组）为单位进行，工会汇总结果，在企业内公示；对于与职工利益密切相关的重大问题，工会应当提议召开临时职工代表大会。

第三节　厂务公开管理

知识要求

一、厂务公开制度的概念

厂务公开制度是企业行政一方按照一定程序向本企业职工公开企业生产经营管理的重大事项、涉及职工切身利益的规章制度和经营管理人员廉洁从业相关情况，听取职工意见，接受职工监督的民主管理制度。

企业主要负责人是实行厂务公开的责任人，同时企业应当建立相应机构或者确定专人负责厂务公开工作。企业实行厂务公开应当遵循合法、及时、真实、有利于职工权益维护和企业发展的原则。

二、厂务公开的主要内容

《企业民主管理规定》明确了厂务公开的内容，主要包括：①经营管理的基本情况；②招用职工及签订劳动合同的情况；③集体合同文本和劳动规章制度的内容；④奖励处罚职工、单方解除劳动合同的情况以及裁员的方案和结果，评选劳动模范和优秀职工的条件、名额和结果；⑤劳动安全卫生标准、安全事故发生情况及处理结果；⑥社会保险以及企业年金的缴费情况；⑦职工教育经费提取、使用和职工培训计划及执行的情况；⑧劳动争议及处理结果情况；⑨法律法规规定的其他事项。

国有企业、集体企业及其控股企业除公开上述相关事项外，还应当公开下列事项：①投资和生产经营管理重大决策方案等重大事项，企业中长期发展规划；②年度生产经营目标及完成情况，企业担保，大额资金使用、大额资产处置情况，工程建设项目的招投标，大宗物资采购供应，产品销售和盈亏情况，承包租赁合同履行情况，内部经济责任制落实情况，重要规章制度制定等重大事项；③职工提薪晋级、工资奖金收入分配情况，专业技术职称的评聘情况；④中层领导人员、重要岗位人员的选聘和任用情况，企业领导人员薪酬、职务消费和兼职情况，以及出国出境费用支出等廉洁自律规定执行情况，职工代表大会民主评议企业领导人员的结果；⑤依照国家有关规定应当公开的其他事项。

三、企业厂务公开中的主要经营指标

企业主要经营指标是企业厂务公开的主要内容，直接反映了企业经营管理的基本情况，是企业组织生产与管理所要达到的目标，也是考核企业组织生产与管理水平的主要依据。由于不同企业处于不同的行业和经营环境之中，因此，不同企业的主要经营指标也并不完全一致。一般而言，企业组织主要有以下经营指标：

1. 生产经营指标，主要包括工业总产值和工业销售产值。

2. 资产管理指标，主要包括流动资产、长期投资、固定资产、无形资产、递延资产和其他资产。

3. 负债指标，主要包括流动负债、长期负债、负债比率、产权比率。

4. 盈利指标，主要包括成本（直接支出和制造费用）、利润（营业利润、利润总额、投资收益、补贴收入、营业外收入等）、利率（销售利率、销售毛利率、资产净利率、净资产收益率等）。

技能要求

一、企业厂务公开方式的选择

企业厂务公开的方式主要有职工代表大会、会议通报、厂务公开栏，以及企业内部信息网络等。

（一）职工代表大会

职工代表大会是企业实行民主管理的基本形式，也是厂务公开的基本方式。企业依法建立和实行职工代表大会制度，凡是法律规定属于职工代表大会职权范围内的问题，都须向职工代表大会报告，由职工代表大会讨论、审议通过或决定。企业负责人在大会上做报告以及职工代表讨论和审议的过程，即是公开的过程。适宜通过职工代表大会进行公开的企业信息有：业务招待费使用情况、民主评议领导干部、企业改革发展重大决策、涉及职工重大切身利益的事项等内容。

（二）会议通报

通报会一般是由企业领导人员、中层干部、工会小组长、职工代表和有关人员参加。这种方式适用于企业生产经营过程中的一些重要动态变化情况，且需要在一定范围内征求职工意见的事项。

适宜通过会议通报方式进行公开的企业信息有：领导干部廉洁自律情况、生产形势分析、总经理决策、企业党务政务以及其他需要及时通气、沟通的情况。

（三）厂务公开栏

设立厂务公开栏，定期或不定期通过书面形式公开有关内容。这种方式主要适用于公开那些涉及职工切身利益、职工比较关注、须让职工监督的内容，主要包括：有关实施厂务公开和实行民主监督的意见、通知、办法；本企业厂务公开领导小组、监督小组及办公室组成人员名单，单项公开的办理部门及人员名单和举报电话等需要长期固定公开的内容；住房分配、干部任免、收入分配、用工制度；单项公开事项的有关政策、规定、办事程序、办事结果；职工反映问题的受理、答复和解决情况；需要向职工宣传并让其熟悉、了解的企业内一些规章制度；领导人员对党风廉政建设责任制的落实情况及企业计划、目标、方针等。

（四）企业内部信息网络

企业生产经营的信息以及涉及职工普遍关心的问题可以通过内部信息网络公开。这种厂务公开方式，即便捷又节省费用。主要适用于涉及面广、需要让职工群众广泛知晓的事项。

二、收集职工反馈意见的方法途径

通过多种方法收集职工对企业生产经营管理的评价与建议，以及各种利益诉求，并对所收集的意见进行归纳和整理，适时向职工反馈，是企业劳动关系协调中的重要工作。收集反馈意见的渠道和方法很多，如调查问卷、见面会、个别访谈等，企业可以根据自己的情况进行选择。

（一）调查问卷

调查问卷法是指通过精心设计的问题表格，就某些方面的问题向被调查者征集意见。企业也可以发放具有针对性的征求意见表，向职工征集意见。

（二）领导与职工常规性见面会

常规性见面会直截了当，职工可以当面提出自己的意见，领导也可以现场回答，能解决的问题当场拍板定案，不能解决的也可予以充分解释。但这样的会议需要有较好的管理与控制，对与会人员也要进行选择。

（三）座谈会或个别访谈

座谈会或个别访谈是征集意见时经常采用的访谈形式。座谈会是一种无结构式集体访问，即将调查对象集中起来进行共同讨论。个别访谈即分别找有关人员进行了解、听取意见。座谈会与个别访谈都要求调查者有熟练的访谈技巧及会议组织的能力。

（四）利用互联网征集意见

建有自己网站的企业，可以在网站上开设征求意见的网页或专栏，面向全体职工征求意见。这种形式费用低、操作简便，便于汇总与归纳，保密性也比较强。但这种形式对职工的文化水平、计算机使用能力有一定的要求，对那些不懂计算机技术的职工则需要开展相应的培训。

（五）职工热线

这是企业通常使用的一种意见征询方法。开设这种职工反映意见的专线电话需要一定的条件，比如固定的电话办公场所、固定的电话接听人员等。还需建立相应的管理制度，比如值班制度、电话记录制度、意见汇总和上报制度、检查制度、保密制度等。

（六）设立意见箱

该方法是指在职工活动比较多的公共区域，设立用于投放职工提出的意见和建议的信箱。在信箱上面专设一格，用于存放统一格式的征求意见表，职工可以自由抽取进行填写，并将填写好的意见表投入信箱之中，由专门人员定期开锁取出意见表，再进行处理。这种方法简单易行，是一种常用的征集意见形式。

在一定程度上说，对职工所提意见适时进行反馈比征集意见更重要。上述征集意见的形式，有一些本身也可以作为意见反馈的载体，比如领导与职工的常规性见面会、网站意见栏。除此之外，还有其他一些形式用于反馈职工意见，如职工代表大会。

示例 1：

某国有企业厂务公开栏登出的有关厂务公开的制度（节选）

本企业在进行企业产权改革过程中将实行“五公开、三不准、二监督”制度。

“五公开”

1. 改革政策公开。
2. 企业资产评估结果公开。
3. 企业改革过程公开。
4. 涉及职工切身利益的重要事项公开。
5. 政府对有突出贡献厂长的奖励公开。

"三不准"

1. 企业改革方案不经职工代表大会审议不准实施。

2. 职工代表大会未通过的改革方案不准上报。

3. 无职工代表大会决议的企业改革方案企业主管部门不准审批。

"二监督"

1. 企业改革必须接受职工代表大会监督。

2. 企业改革必须接受职工监督。

职工如发现在产权改革过程中有关事项未达到以上要求，可直接向设在工会办公室的厂务公开监督小组反映情况，并按本企业制定的《厂务公开实施办法》的规定对责任人提出批评、责令改正、罢免等建议。

示例2：

某国有企业推出的"厂务公开与监督企业一把手十项制度"

1. 重大决策、重大事项实行班子集体讨论、提交职工代表大会审议制度。

2. 重要人事任免实行集体研究、公开选拔、公示制度。

3. 大额度资金调度使用实行集体会审制度。

4. 重大项目安排实行公开招投标制度。

5. 贷款担保实行考察、论证、公开制度。

6. 大宗物品采购供应实行公开比质、比价制度。

7. 投资决策实行论证、职工代表大会审议制度。

8. 本企业厂长不得兼任非公有制企业领导职务制度。

9. 行政领导定期向职工代表大会报告厂务公开情况，接受职工代表监督制度。

10. 建立企业交通、通信工具购置及其费用提交职工代表大会审议制度。

相关法律法规

1. 《中华人民共和国全民所有制工业企业法》
2. 《中华人民共和国工会法》
3. 《中华人民共和国劳动法》
4. 《中华人民共和国劳动合同法》
5. 《中华人民共和国劳动争议调解仲裁法》
6. 《企业工会工作条例》
7. 《企业民主管理规定》

复习思考题

1. 简述劳企协商的概念和形式。
2. 简述劳企协商的作用。
3. 简述劳企协商议题的分类。
4. 简述职工代表大会的性质和组织制度。
5. 简述职工代表的权利和义务。
6. 简述召开职工代表大会的规范流程。
7. 简述厂务公开制度的概念和主要内容。
8. 简述企业厂务公开的主要经营指标。
9. 如何选择企业厂务公开的方式？
10. 收集职工反馈意见有哪些方法途径？

案例分析题

2012年8月13日，江苏省南通市总工会发出《关于建立企业职工代表大会“一函两书”制度的通知》，规定该市未经批准延期换届或超期不换届的所属企业会收到来自上级工会的“职工代表大会超期整改建议书”，企业接到建议书完成整改后7个工作日内必须填写整改情况报告书，上报建议书发出单位或其授权部门和上级工会；对于无正当理由逾期不依法换届、拒绝换届的行为，企业所在地县（区）级工会将依据法律法规，提请政府有关部门予以处理。

2012 年以来，该市总工会建成了市、县两级工会企业民主管理数据库，在对企业职工代表大会建制情况进行排查后发现，一些企业存在遗忘职工代表大会换届时间、职工代表大会超期不换届等现象。为此，该市通过“一函两书”制度明确规定，各县（市）区工会和产业（系统）、集团公司工会根据本级企业民主管理数据库中反映的所属企业职工代表大会建制情况，分别在企业本届职工代表大会 3 年或 5 年换届到期前半年发出“职工代表大会换届提示函”，提醒所属企业做好换届准备工作，并提供必要的服务指导。“职工代表大会超期整改建议书”主要由各县（市）区总工会，也可由其委托产业（系统）、集团公司工会对未经批准延期换届或超期不换届的所属企业发出，督促有关企业按时做好整改工作。对于无正当理由逾期不依法换届、拒绝换届的行为，按照管辖权限由企业所在县（区）工会依据有关法律法规，提请政府有关部门予以处理。“职工代表大会超期整改情况报告书”要求接到“职工代表大会超期整改建议书”的企业在完成整改后 7 个工作日内填写完成，并分别上报建议书发出单位或其授权部门和上级工会。

资料来源：全总新闻中心. 江苏省南通推行职代会“一函两书”制[EB/OL].（2012-08-16）[2020-04-21]. http://acftu.people.com.cn/n/2012/0816/c67502-18754326.html.

请思考：南通市推行的“一函两书”制对于企业职工代表大会建设有什么作用？

第六章　劳动争议处理

学习目标

1. 了解工作场所冲突相关概念和员工申诉的概念、特征、分类。

2. 了解员工申诉的受理要点及申诉信息的定期汇总。

3. 掌握劳动争议的概念、类型和处理方式，熟悉劳动争议的处理原则。

4. 了解劳动争议协商的概念和作用，熟悉劳动争议协商前的准备工作和协商策略。

5. 了解劳动争议调解的概念和特征，掌握劳动争议调解组织的类型。

6. 熟悉劳动争议调解申请和受理阶段的主要事项。

7. 掌握劳动争议仲裁的概念和仲裁时效，了解劳动争议仲裁机构的组织形式。

8. 熟悉劳动争议仲裁申请和受理阶段的主要事项。

9. 了解劳动争议诉讼的概念，熟悉法院受理劳动争议案件的条件及诉讼时效与仲裁时效的衔接。

10. 熟悉劳动争议诉讼起诉和受理阶段的主要事项。

第一节　劳动争议的预防

知识要求

一、工作场所冲突相关概念

（一）冲突

冲突是广泛存在的，在工作场所也是如此。在西方社会，经常使用工作场所冲突的概念。工作场所冲突可能源于以下某一个因素或者多个因素：资源的稀缺性（如时间、责任、地位和预算等）、价值取向（如政治偏好、宗教信仰和道德观念等）、世界观（如何理解世界）、对事实的争议等。

从分类情况看，工作场所冲突可以大致分为两种类型：任务型冲突和关系型冲突。任务型冲突是指因为工作方式、任务利弊等意见不一致产生的冲突；关系型冲突是指因为人的价值取向、幽默感等性格观念因素产生的冲突。工作场所冲突也可以细化为五种主要类型：事实冲突、专业/技术冲突、人际冲突、法律冲突（主要指基于劳动关系产生的权利义务冲突）和意见冲突。绝大多数的工作场所冲突源于组织文化和结构，如员工自我管理的权利、工作纪律、工作强度、沟通方式等。

（二）争议

在合同法上，争议是指交易的一方认为另一方未能全部或部分履行合同规定的责任而引起的业务纠纷。工作场所的争议通常是指劳动争议。从研究视角来看，劳动争议的概念应该有广义和狭义之分。广义的劳动争议是指用人单位和劳动者在工作场所因劳动关系所发生的一切纠纷；狭义的劳动争议是指用人单位与劳动者因实现劳动权利和履行劳动义务而发生的争议。

二、员工申诉的概念、特征和分类

（一）员工申诉的概念

在西方市场经济国家，申诉是由雇员正式发起的抱怨程序，该程序由雇佣合同、集体合同或者其他由雇主主导建立的机制来提供。工会或者雇员发起申诉，是由于其认为雇主违反了雇佣合同条款、集体合同条款、工作场所规章制度或者法律条款。

在我国，非诉讼上的申诉，是指公民或者企业等单位，因本身的合法权益问题不服行政部门的处理、处罚或纪律处分，而向该部门或其上级机关提出重新处理、予以纠正的要求的行为。对于工作场所的员工申诉，通常是指员工认为自己在工作中遭到不平等待遇或发现用人单位内部的不法行为时，提出解决要求的行为。员工申诉制度在我国并没有相关法律明确规定，不过在管理实践中是客观存在的。

员工申诉的内容可以涵盖用人单位管理、用人单位决策以及关乎员工切身利益的事项。具体包括：关于集体协议、工作规则及其他企业内部规则的制定及内容；关于用人单位根据内部规定，对员工的命令、禁止、许可、免除、认可、受理、通知、确认等各方面的意思表示；关于用人单位所提出的各项发展计划、生产计划、营销计划、业务计划等的构想与行动；关于用人单位依照有关的内部规定而采取的劝告、诱导等非强制性的事实行为；关于用人单位给予员工的奖励、实施的惩罚等行为。

(二) 员工申诉的特征

1. 申诉的内部性

员工申诉是将劳动冲突解决在用人单位内部的处理方式，既可以反映员工的利益，又可以更快、更好地解决冲突，减少劳动冲突对双方产生的不良影响。

2. 申诉的直接性

员工申诉由员工直接向用人单位提出，不涉及第三方，由申诉的双方正面交涉解决。员工申诉的合理解决有助于双方消除隔阂，化解矛盾，增进理解，相互信任，从而推动组织发展，在组织中真正建立起和谐稳定的劳动关系。

3. 申诉的正式性

员工申诉是员工对于劳动关系中所产生的问题通过正式渠道向用人单位进行反映的一种形式，是一种合法解决问题的途径。申诉一般要求员工以书面的形式提交材料，不同于私下的抱怨和指责。

（三）员工申诉的分类

员工申诉通常可以分为两类：个人申诉和集体申诉。

1. 个人申诉

个人申诉多是由于管理方对员工进行惩罚而引起纠纷，通常由个人或工会代表提出。其内容包括从管理方的书面警告开始，到最终员工被解雇整个过程中可能引发的任何争议。争议的焦点是违反了协议中规定的个人和团体的权利，如有关资历的规定、工作规则的违反、不合理的工作分类或工资水平等。

2. 集体申诉

集体申诉是为了集体利益而提起的政策性申诉，通常是工会针对管理方（在某些情况下，也可能是管理方针对工会）违反协议条款的行为提出的。集体申诉虽不直接涉及个人权利，但却影响整个用人单位的团体利益。例如，管理方把协议中规定的本应在用人单位内部安排的工作任务，外包给其他用人单位，这一做法可能并没有直接影响某一单个的员工，但它却意味着在用人内部，雇用的员工会更少，工作岗位也更少，因而工会可以团体利益为基础提起申诉。

技能要求

一、员工申诉的受理要点

员工申诉的受理，是指当员工对用人单位的日常管理或者工作情况等方面有建议或者存在异议向单位的行政管理部门提出时，单位行政管理部门及其相关人员对上述情况做出积极回应的一系列行为的总称。员工申诉的受理要点主要包括以下几个方面的内容。

（一）正面回答员工提出的问题

员工提出申诉表明员工对用人单位的有关决定不满，如果没有对员工提出的问题做出清晰明确的回答会加深员工对用人单位的成见。如果相关人员不完全了解员工所提出的问题，则应当本着对用人单位负责的态度，认真听取并记录员工的问题，并尽可能在最短的时间内予以答复。

（二）慎重考虑员工的要求

对员工提出的要求要分别从用人单位和员工角度来考虑其是否合理。如果从两方面来看都是合理的要求，则往往是因为用人单位的规章制度不尽合理而造成这种要求不能得到满足，用人单位应借此机会予以改进和完善。如果该要求对于用人单位而言不合理，而对于员工是合理的，说明员工个人利益与集体利益产生了矛盾。对此要引导员工理解用人单位的决定，协调解决有关问题。而如果从双方来看都属于不合理的要求，则要在充分调查研究的基础上，采取鲜明的立场，切实维护双方的正当权益。

（三）耐心阐述申诉的解决方案和理由

在员工申诉的过程中，员工通常更多的是从个人利益出发来考虑问题，要让员工理解、接受并支持用人单位的有关决定，必须耐心地向其解释。如果解释得过于简单，员工可能难以接受。尤其是对于因用人单位的错误决定引发的争议，更应向员工说明原因，以取得对方的谅解。

（四）及时对员工的处境表示关注

申诉中员工所流露出的各种情绪，如愤怒、不满、失望等，都应引起有关管理人员的关注与重视，如果管理人员对此视而不见，可能使简单的问题变得难以解决。管理人员对员工的情绪或观点表示关心、同情或赞同，有助于双方形成良好的沟通关系，促进申诉的解决。

二、员工申诉信息定期汇总

员工申诉信息定期汇总是指在一定的时间内对员工的申诉信息进行分类、归档等工作。

员工申诉信息的定期汇总对于用人单位处理好员工和用人单位之间的关系，协调劳动关系，稳定用工秩序等都有很大的作用，也是劳动关系协调员的重要工作之一。员工申诉信息的定期汇总工作需要注意以下三点。

（一）定时、及时汇总

时效性是员工申诉处理中的关键点之一。员工申诉往往是代表了一个特定时期用人单位内部的工作环境和管理方式等方面的不足或者错误。定时和及时地汇总员工的申诉问题则能及时把暴露出来的问题妥善解决，以免在问题扩大之后出现更大的麻烦。

（二）系统、分类汇总

用人单位的管理体制是一个有机整体，员工的申诉往往是其管理环节的某个特定方面的不足造成的。因此，在进行申诉信息汇总时，要从用人单位的全局角度看问题，避免信息收集不全面，给用人单位的日常运作造成不必要的损失。员工的申诉具有很强的针对性，因此对申诉信息进行系统的汇总、归纳是非常重要的。细致的分类也是信息汇总的要求之一，清晰的分类可以向管理部门提供解决用人单位内在问题的决策依据。

（三）汇总记录的存档和比较

员工申诉汇总记录的存档，是企业文化建立的关键步骤之一。在解决有关员工申诉问题的过程中得到的经验也是企业管理向前发展和逐步提高的基础。员工申诉的存档和比较可以有效促进员工自主参与企业管理，提高员工在企业中的参与度，从而使得员工和企业的关系更加融洽，营造更为良好的工作环境。

第二节　劳动争议的协商和调解

第一单元　劳动争议协商

知识要求

一、劳动争议的概念

从我国立法的实践来看，劳动争议的概念是狭义的，即劳动争议是指劳动者与用人单位之间基于劳动关系，因实现劳动权利和履行劳动义务而发生的纠纷，又称劳动纠纷、劳企纠纷、劳企争议。

在生产领域，劳动者追求报酬，用人单位追求绩效，报酬和绩效的对等承诺和对等实现是劳动关系建立的前提，同时也是工作场所用工管理的主要矛盾和主要问题。在分配领域，劳动者和用人单位要对生产领域共同取得的成果进行合理分配，才能维持双方的合作。然而，虽然相关法律法规划定了劳动者和用人单位各自应当坚守的行为空间，指引劳动关系规范运行，但在利益驱动下，一些劳动关系当事人仍会逾越边界，双方利益的对立进一步演化为对抗，劳动争议由此产生。

根据我国《劳动法》的规定，劳动者享有平等就业和选择职业的权利、取得劳动报酬的权利、休息休假的权利、获得劳动安全卫生保护的权利、接受职业技能培训的权利、享受社会保险和福利的权利、提请劳动争议处理的权利以及法律规定的其他劳动权利。同时，劳动者负有完成劳动任务、提高职业技能、执行劳动安全卫生规程、遵守劳动纪律和职业道德等义务。与之相对应，劳动者的权利即为用人单位的义务，劳动者的义务即为用人单位的权利。当一方不履行义务时，另一方权利受损，其结果表现为劳动争议。

在我国，人事争议是与劳动争议并行的概念，有时并称为劳动人事争议。人事争议，是指人事关系双方因劳动权利、义务产生的争议。其中，人事关系包括我国实施公务员法的机关和聘任制公务员之间、参照公务员法管理的机关（单位）与聘任工作人员之间、事业单位与其建立人事关系的工作人员之间、社会团体与其建立人事关系的工作人员之间，以及军队文职人员用人单位与聘用制文职人员之间的关系。我国曾经运行不同的劳动争议处理制度和人事争议处理制度，随着社会的发展，劳动争议处理制度和人事争议处理制度走向一体化，而实践中劳动争议案件的数量远远高于人事争议案件的数量。本教程将以劳动争议处理作为主要阐述对象，对于人事争议处理的特别规定不再单独论述。

二、劳动争议的类型

（一）按劳动争议主体划分

1. 个别劳动争议

个别劳动争议是指单个劳动者与用人单位之间因劳动权利义务关系发生的争议。[①] 在现阶段劳动争议处理机构受理的劳动争议案件中，绝大多数劳动争议案件为个别劳动争议。

2. 集体劳动争议

集体劳动争议的概念有狭义和广义之分。

狭义的集体劳动争议是指劳动者一方当事人在一定数量以上，且因共同理由与用人单位发生的争议。《劳动争议调解仲裁法》第七条规定，发生劳动争议的劳动者一方在 10 人以上，并有共同请求的，可以推举代表参加调解、仲裁或者诉讼活动。因此，狭义的集体劳动争议所涉及的劳动者一方当事人的人数至少为 10 人，且这些劳动者有共同诉求，通过推举代表参加调解、仲裁或诉讼活动。

广义的集体劳动争议除了包括狭义的集体劳动争议外，还包括因签订集体合同的争议、因履行集体合同的争议和集体行动争

① 杨志明. 劳动人事争议调解仲裁［M］. 北京：中国劳动社会保障出版社，2012.

议。因签订集体合同争议是指在签订或变更集体合同过程中当事人双方就如何确定合同条款所发生的争议，其标的是在合同中如何设定尚未确定的劳动者利益。因履行集体合同争议是指在履行集体合同过程中当事人双方就如何将合同条款付诸实现所发生的争议，其标的是实现合同中已经设定并且表现为权利义务的劳动者利益。集体行动争议是指由于集体行动而引发的争议，集体行动以维持改善劳动条件或获得其他经济利益为直接或间接的目的。

（二）按争议性质划分

如果按劳动争议的性质进行划分，可以分为权利争议和利益争议。尽管这是一种理论上的划分，相关法律并未直接规定，但这种划分方法已经明显体现在立法中了。具体而言，权利争议是可诉的，而利益争议是不可诉的，这两种争议需要完全不同的处理系统。

1. 权利争议

权利争议是指因既定的、现实的权利发生争议，因为权利已由劳动合同、集体合同等约定产生或者已由法律规定确立，所以又称既定权利争议。权利争议可能是个别劳动争议，也可能是集体劳动争议。

我国立法中提到的“因履行集体合同发生的争议”，是对权利争议中集体权利争议的一种法律表述。《劳动合同法》第五十六条规定：“用人单位违反集体合同，侵犯职工劳动权益的，工会可以依法要求用人单位承担责任；因履行集体合同发生争议，经协商解决不成的，工会可以依法申请仲裁、提起诉讼。”

2. 利益争议

利益争议是指在集体协商时双方为订立、续订或变更集体合同条款而产生的争议，即对集体合同规定的权利及其变更提出新的权利要求而引起的争议。利益争议不是现实的权利争议，而是对如何确定双方未来的权利义务关系而发生的争议，因此又称待定权利争议。

根据我国《劳动法》第八十四条的规定，我国的利益争议并没有纳入劳动争议仲裁处理范围，而是依靠行政调解协调处理。具体而言，当利益争议的双方当事人不能通过协商达成一致时，当事人一方或双方只能向当地劳动行政部门请求解决，不能通过仲裁或诉讼的方式解决。而劳动行政部门只能通过宣传国家法律政策，对分歧进行协商，促使双方达成共识，协商解决争议，但是不具有强制性。

其他一些国家针对利益争议的处理也是先经协商解决。如果无法协商解决，也无法求助于司法裁断，就可以通过仲裁裁决解决。例如，日本的利益争议，都先经团体协商的方式进行处理，协商不成的，再依据劳动委员会的争议处理程序进行处理，其处理方式主要为斡旋、调停和仲裁。

三、劳动争议的处理原则

（一）合法原则

合法原则，就是在劳动争议的处理过程中，劳动争议处理机构应当通过深入调查，查明争议的起因、发展和现状，依照相关的劳动法律、法规以及规章规定的程序要求和权利、义务要求来解决劳动争议。同时，要遵循法律效力从大到小的原则，即首先依照法律规定，无法律规定的依照行政法规规定，无行政法规规定的依照地方行政法规、规章。达成的调解协议、做出的裁决和判决不得违反国家现行法律、法规以及政策规定，不得损害国家利益、社会公共利益或他人合法权益。合法原则要求劳动争议处理过程依据程序法，处理结果依据实体法。

（二）公正原则

公正原则主要有两层含义：一是劳动争议双方当事人在处理争议过程中的法律地位平等，平等享有权利和履行义务，任何一方都不得把自己的意志强加于另一方；二是劳动争议处理机构应当公正执法，保障和便利双方当事人行使权利，对当事人在适用法律上一律平等，不得偏袒或歧视任何一方。劳动争议双方当事人在劳动关系中虽然具有隶属关系，其隶属性体现在劳动权利、义务履行的过程中，但是双方在法律地位上是平等的，体现在劳动关系的建立、变更、解除以及终止等方面。

（三）着重调解原则

着重调解原则是指处理劳动争议时，着重以调解方式解决，使双方当事人达成协议并认真履行，它贯穿于整个争议处理程序之中。双方当事人发生劳动争议，可以依法申请调解、仲裁，提起诉讼，也可以协商解决。调解有利于矛盾的解决，避免矛盾激化，也有利于及时维护劳动关系双方当事人的合法权益。

着重调解原则要求在处理劳动争议案件时，应尽量采用调解方式结案，避免采取裁决的方式结案；在调解过程中必须坚持平等、自愿、合法的原则，有利于协议的履行。

需要注意的是，调解过程必须遵循合法原则，即双方达成一致不能以牺牲一方当事人的合法权益为条件。

（四）及时处理原则

处理劳动争议，还应遵循及时处理的原则，防止久调不决。我国《劳动法》第八十二条规定，提出仲裁要求的一方应当自劳动争议发生之日起 60 日内向劳动争议仲裁委员会提出书面申请，仲裁裁决一般应在收到仲裁申请的 60 日内作出。此外，《劳动人事争议仲裁办案规则》第四十五条规定，仲裁庭裁决案件，应当自仲裁委员会受理仲裁申请之日起 45 日内结束；案情复杂需要延期的，经仲裁委员会主任或者其委托的仲裁院负责人书面批准，可以延期并书面通知当事人，但延长期限不得超过 15 日。

劳动争议案件具有特殊性，它关系到劳动者的就业、报酬、劳动条件等切身利益问题，如不及时处理，势必影响劳动者的生活和生产秩序的稳定。因此，在处理劳动争议时可视情况采取先行裁决、先予执行的方式。《劳动争议调解仲裁法》第四十三条、第四十四条规定，仲裁庭裁决劳动争议案件时，其中一部分事实已经清楚，可以就该部分先行裁决。仲裁庭对追索劳动报酬、工伤医疗费、经济补偿或者赔偿金的案件，根据当事人的申请，可以裁决先予执行，移送人民法院执行。

四、劳动争议的处理方式

一般而言，在劳动争议产生以后，争议解决途径强调多元化，包括争议的协商、调解、仲裁与诉讼。其中，协商与调解是争议解决途径中的柔性措施，仲裁具有准司法性质，而诉讼是争议解决的最终程序。《劳动争议调解仲裁法》第五条规定："发生劳动争议，当事人不愿协商、协商不成或者达成和解协议后不履行的，可以向调解组织申请调解；不愿调解、调解不成或者达成调解协议后不履行的，可以向劳动争议仲裁委员会申请仲裁；对仲裁裁决不服的，除本法另有规定的外，可以向人民法院提起诉讼。"

五、劳动争议协商的概念

劳动争议的协商，是指劳动者与用人单位为解决劳动争议，通过平等自愿、互谅互让的沟通商谈，在认清事实、明辨是非的情况下，化解矛盾达成共识的过程。双方当事人这种自主化解决争议的方式，是当事人解决争议的首要途径，并贯穿于争议处理全过程。

《劳动争议调解仲裁法》第四条规定："发生劳动争议，劳动者可以与用人单位协商，也可以请工会或者第三方共同与用人单位协商，达成和解协议。"同时，该法第四十一条还规定："当事人申请劳动争议仲裁后，可以自行和解。达成和解协议的，可以撤回仲裁申请。"可见，协商可以贯穿于劳动争议处理的各个环节，是一种灵活便利的解决劳动争议的方式。

六、劳动争议协商的作用

（一）快速解决劳动争议

劳动争议协商并非解决劳动争议的必经程序，选择协商并达成和解协议都必须基于劳动争议双方当事人的自愿。劳动争议发生后，当事人可以在完全自愿的基础上，通过互谅互让，达成一个双方都愿意接受的和解协议，然后分别履行协议的内容。以协商的方式处理劳动争议，有利于构建和谐的劳动关系，有利于纠纷的迅速解决。由于以协商的方式解决劳动争议，通常没有第三方的参与，不需要经过第三方调解，也不需要经过仲裁和诉讼程序，可以大大节省争议双方的时间、财力和精力。

（二）引起时效中断

《最高人民法院关于审理劳动争议案件适用法律若干问题的解释（二）》第一条第三项规定：“劳动关系解除或者终止后产生的支付工资、经济补偿金、福利待遇等争议，劳动者能够证明用人单位承诺支付的时间为解除或者终止劳动关系后的具体日期的，用人单位承诺支付之日为劳动争议发生之日。劳动者不能证明的，解除或者终止劳动关系之日为劳动争议发生之日。”因此，如果用人单位与劳动者因工资争议达成和解协议，用人单位又不履行和解协议的，时效就应从和解协议约定的履行日期开始计算，而不再从劳动争议发生之日起计算。《劳动争议调解仲裁法》第二十七条也规定了仲裁时效因当事人一方向对方当事人主张权利，或者向有关部门请求权利救济，或者对方当事人同意履行义务而中断。从中断时起，仲裁时效期间重新计算。当事人就劳动争议进行协商，就是“向对方当事人主张权利”的证明。当事人通过协商达成和解协议，就是“对方当事人同意履行义务”最好的证明。因此，争议当事人进行协商，无论是否达成和解协议，都将导致时效的中断。

（三）转化争议性质

《最高人民法院关于审理劳动争议案件适用法律若干问题的解释（二）》第三条规定：“劳动者以用人单位的工资欠条为证据直接向人民法院起诉，诉讼请求不涉及劳动关系其他争议的，视为拖欠劳动报酬争议，按照普通民事纠纷受理。”因此，用人单位与劳动者因工资产生争议，通过协商达成和解协议，用人单位为劳动者提供欠条的，如果用人单位又不履行和解协议，劳动者可以持欠条直接向法院起诉。这样就使原来的劳动争议直接转化为普通民事争议。争议性质的转变，将带来两个法律后果：一是劳动者可以越过劳动争议仲裁前置程序，直接按照普通债权债务关系向法院起诉；二是时效不再是《劳动争议调解仲裁法》规定的一年，而是《民法典》规定的三年。

（四）协商达成的和解协议可以作为证据使用

《企业劳动争议协商调解规定》第十一条规定：“协商达成一致，应当签订书面和解协议。和解协议对双方当事人具有约束力，当事人应当履行。经仲裁庭审查，和解协议程序和内容合法有效的，仲裁庭可以将其作为证据使用。但是，当事人为达成和解的目的作出妥协所涉及的对争议事实的认可，不得在其后的仲裁中作为对其不利的证据。”由此可见，当事人双方通过协商达成的和解协议，在劳动争议仲裁审理阶段可以作为证据使用。

技能要求

一、劳动争议协商前的准备工作

（一）查明争议事实

劳动争议发生后，负责协商的人员应及时查明争议产生原因、规模、性质等，并对争议可能带来的后果做出判断。针对不同原因、不同性质的劳动争议，应采取不同的应对措施和手段。

就劳动争议的性质来说，我国目前将劳动者一方人数在 10 人及以上的劳动争议确立为集体劳动争议。集体劳动争议若解决不好可能直接影响企业的正常生产经营秩序，甚至影响社会的和谐稳定。就劳动争议产生的原因来说，一些争议是由于员工的切身利益甚至基本生存权利受到了侵害，如劳动报酬、工伤医疗费、赔偿争议等，负责协商和解的人员应加以足够重视并正确估计事态后果；而另一些争议是由于企业无法满足员工职业发展的需要，如培训、升职等，这类争议矛盾冲突相对较小，比较容易通过协商和解的方式解决。

（二）熟悉相关法律法规

我国颁布并实施的与劳动争议相关的法律法规有很多，例如，《劳动法》《劳动合同法》《劳动争议调解仲裁法》《劳动人事争议仲裁办案规则》《企业劳动争议协商调解规定》等。发生劳动争议的双方应充分学习、了解相关的法律法规，才能在协商过程中做到有理、有据、有节，在更有效地维护自身合法权益的同时，也能考虑到对方的利益。这样，更有利于双方通过协商的方式解决劳动争议。

（三）选择协商人员

在个别劳动争议中，劳动者一方一般为发生劳动争议的当事人本人。企业一方选择协商人员通常应考虑三点要求：尽量与该劳动争议无利害关系；具备相应法律知识、经验；在企业和员工中具有一定声望。在集体劳动争议中，劳动者一方通常选择能够代表员工利益并且具有较强的沟通、应变能力的劳动者作为代表。《劳动争议调解仲裁法》第七条规定：“发生劳动争议的劳动者一方在十人以上，并有共同请求的，可以推举代表参加调解、仲裁或者诉讼活动。”

另外，《劳动争议调解仲裁法》第四条规定：“发生劳动争议，劳动者可以与用人单位协商，也可以请工会或者第三方共同与用人单位协商，达成和解协议。”由此可见，协商人员除了劳动者和企业代表外，还有可能出现第三方，只不过与劳动争议调解程序相比，这个第三方是由劳动者聘请的，并不是完全保持中立地位，也不主导整个协商过程。

（四）确立协商目标

在对劳动争议事实有了一定了解后，准备进入协商和解过程的双方当事人应初步确立其预期或期望达成的目标。劳动争议协商和解的目标可以划分为三个层次，分别是：①必须达成的目标，是协商不成也不能放弃的目标，即进行协商和解可以接受的底线；②预期达成的目标，但这个目标在迫不得已的情况下可以选择放弃；③期望达成的目标，这个目标在必要时可以放弃。

案例

协商目标的确定

某学校应届毕业生小王某年4月到A公司实习，双方约定待小王正式毕业后签订劳动合同。6 月底，小王正式毕业，向 A 公司提出签订正式的劳动合同，A 公司未予以回应，小王也就不再理会。10 月中旬，小王未履行请假手续就离开了公司。11 月 5 日，A 公司以小王无故旷工为由，做出了解除小王劳动关系的决定。同年 12 月初，小王回到 A 公司，提出如下要求：

1. A 公司应支付当年 10 月、11 月的工资。

2. A 公司未签订劳动合同，应支付当年 7—11 月的双倍工资。

3. A 公司违法解除劳动关系，应支付一个月工资作为赔偿金。

本案中，如果小王与 A 公司进行协商，应如何确定各自的协商目标？

本案比较明确的事项有：A 公司已经实施用工行为，但未与小王签订劳动合同，这是 A 公司的责任；小王未履行请假手续就离开 A 公司，这是小王的责任。

本案还需进一步明确的事项有：当小王未履行请假手续离开 A 公司时，A 公司是否采取过敦促其上班的措施；A 公司以无故旷工为由解除劳动关系，是否有相关的劳动规章制度作为支撑；小王离开 A 公司时领取劳动报酬的截止日期等。

协商不是裁判，不一定完全按照仲裁或诉讼的预期结果来确定协商目标。不过，厘清事实、找出争议发生的原因，更利于确定合理的协商目标。

资料来源：刘兰，唐镳. 劳动争议处理 [M]. 2 版. 大连：东北财经大学出版社，2020.

二、劳动争议协商策略

在劳动争议协商过程中，采用适当的协商策略是达成协商一致的重要因素之一。一般来看，协商策略的运用主要包括以下内容：①进攻策略。在协商过程中，双方协商代表势必一开始就采取进攻策略。即根据宏观经济形势和本地区、本行业、本企业的经济发展趋势中对自己有利的部分，来证明自己观点的正确性。②退却策略。协商机制最大的特点是具有灵活性和创造性。通常情况下，协商一方提出的建议遭到对方拒绝后，往往在这一领域做出一些让步，而从另一领域提出要求，以达到同样的目的。③坚守策略。当协商双方意见分歧较大时，必须保持耐心，进行多次磋商。为此，应特别注意在协商中的语言表达和情况的沟通，仍然僵持不下时，可以在一些非原则、影响不大的分歧上做出让步，从而使协商不至于全面僵持。④迂回策略。在协商过程中，协商双方都要确定协商目标，但不能一开始就将自己的最终目标全盘托出。对此，应首先选择一般性问题进行协商，并就此达成共识，以营造良好和谐的协商氛围，然后再谈主要问题。⑤双赢策略。虽然在劳动关系上，集体协商的双方存在着利益差异，但其利益也存在着一致性，这就为协商注入了成功的因素。双方如果能在某些方面同时做出让步，缩小差距，努力寻找共同点，最后就能达到双赢的目的。

第二单元　劳动争议调解

知识要求

一、劳动争议调解的概念

劳动争议的调解，是指在第三方主持下，依据法律规范和道德规范，劝说争议双方当事人，通过民主协商，互谅互让，达成协议，从而消除争议的一种方法与活动。

劳动争议调解制度是我国建立的社会主义新型劳动制度的一项重要内容，也是妥善处理劳动争议的一种有效途径，它和劳动争议仲裁制度、司法裁判制度相配合，及时、有效、稳妥地处理了大量的劳动争议，为稳定劳动关系、化解劳动矛盾、构筑和谐的劳动用工关系发挥了积极作用。

1993 年 7 月 6 日公布的《企业劳动争议处理条例》（已于 2011 年 1 月 8 日废止）正式建立了企业劳动争议内部调解制度，规定了企业劳动争议调解委员会的组织形式和调解规则。1995 年

1月1日起施行，2018年12月29日第二次修正的《劳动法》对企业劳动争议调解制度再次进行了确认和完善，并且把调解原则扩大到劳动争议仲裁和诉讼程序中。2008年5月1日起施行的《劳动争议调解仲裁法》总结了以往劳动争议调解工作的经验，对劳动争议调解制度进行了完善，较为系统、全面地建立了具有中国特色的劳动争议调解制度体系和机制。

二、劳动争议调解的特征

（一）自愿性

根据《劳动争议调解仲裁法》，劳动争议调解不是劳动争议处理的必经程序，当事人具有申请调解和直接申请仲裁的程序选择权。程序的启动与进行均应充分体现当事人的意愿，调解机构不得强行要求当事人进行调解，而是奉行“不告不理”原则。

（二）独立性

劳动争议调解是一种独立程序，在劳动争议处理的制度体系中与仲裁、诉讼等程序并列，并在实施主体、步骤设计以及工作方法等方面有明显的区别。调解的进行不以其他程序的存在为前提，同时在时序上较仲裁、诉讼先行。

（三）群众性

劳动争议基层调解组织既不属于司法、仲裁机构，也不是行政机关。以企业劳动争议调解委员会为例，它是在职工代表大会领导下，依法成立的专门处理本企业劳动争议的职工群体性调解组织。它的组织成分及调解活动不仅建立在广泛的群众基础之上，而且需要职工的直接参与。

（四）自治性

在我国，劳动者的主人翁地位决定了人民群众可以“依照法律规定，通过各种途径和形式，管理国家事务，管理经济和文化事业，管理社会事务”（《宪法》第二条）。劳动争议基层调解组织的自治性便是对劳动者这一地位的体现。以企业劳动争议调解委员会为例，它具有自治属性，不受个人、企业行政和其他组织或单位的干预，是依法独立调解劳动争议的组织。企业劳动争议调解制度是企业内部群众实行自我管理、自我教育、自我服务的有效形式和途径，是企业民主管理的重要内容。

（五）非诉讼性

劳动争议调解与仲裁、诉讼活动不同，属于一种诉讼外制度。其活动的开展没有严格详尽的法定程序，活动的参加人不具有诉讼活动中的权利和义务。劳动争议基层调解组织没有对劳动争议的强制处理权。经调解达成的协议在未经司法确认时不具备法律强制力，如一方当事人反悔拒不履行义务，另一方当事人与调解机构都不能强制当事人执行。

三、劳动争议调解组织

健全劳动争议调解组织是劳动争议调解作用得到充分发挥的重要保障。《劳动争议调解仲裁法》的颁布进一步推动了我国劳动争议基层调解组织的发展，它明确规定了三类劳动争议调解组织，分别为企业劳动争议调解委员会、依法设立的基层人民调解组织和在乡镇、街道设立的具有劳动争议调解职能的组织。

（一）企业劳动争议调解委员会

1. 企业劳动争议调解委员会的设置

企业劳动争议调解委员会是在企业内部设立的调解组织，负责解决本企业发生的劳动争议。

关于企业劳动争议调解委员会的设置，《劳动争议调解仲裁法》并未明确规定，但是《企业劳动争议协商调解规定》第十三条规定："大中型企业应当依法设立调解委员会，并配备专职或者兼职工作人员。有分公司、分店、分厂的企业，可以根据需要在分支机构设立调解委员会。总部调解委员会指导分支机构调解委员会开展劳动争议预防调解工作。调解委员会可以根据需要在车间、工段、班组设立调解小组。"第十四条规定："小微型企业可以设立调解委员会，也可以由劳动者和企业共同推举人员，开展调解工作。"

由此可见，设置企业劳动争议调解委员会，法律采取的是不干预的态度，把是否设立的决定权交予企业。随着劳动争议调解在处理劳动争议中发挥的作用越来越大，政府开始倡导企业设置劳动争议调解委员会，充分发挥调解环节的作用，甚至对大中型企业强制规定设立劳动争议调解委员会。不过《企业劳动争议协商调解规定》并没有对大中型企业作明确的界定，也没有规定大中型企业不建立劳动争议调解委员会的法律责任，因此其强制程度还是有限的。

2. 企业劳动争议调解委员会的组成

我国《劳动争议调解仲裁法》规定，企业劳动争议调解委员会由职工代表和企业代表组成。职工代表由工会成员担任或者由全体职工推举产生，企业代表由企业负责人指定。企业劳动争议调解委员会主任由工会成员或者双方推举的人员担任。

《企业劳动争议协商调解规定》第十五条也进一步明确，调解委员会由劳动者代表和企业代表组成，人数由双方协商确定，双方人数应当对等。劳动者代表由工会委员会成员担任或者由全体劳动者推举产生，企业代表由企业负责人指定。调解委员会主任由工会委员会成员或者双方推举的人员担任。

在《劳动争议调解仲裁法》出台以前，企业劳动争议调解委员会的组织构成实行的是“三方原则”，由职工代表、用人单位代表和工会代表组成劳动争议调解委员会（《劳动法》第八十条）。但实际上，工会应是职工利益的代表，职工的利益与工会的利益相互统一，两者之间并无独立于对方之外的自身利益。因此，《劳动争议调解仲裁法》调整了企业劳动争议调解委员会的组成，使其人员构成更符合实际需要。

3. 企业劳动争议调解委员会的职责

（1）宣传劳动保障法律、法规和政策

企业劳动争议调解委员会调解劳动争议，要依据劳动法律、法规、规章和政策，其工作人员需要具有一定的法律知识和政策水平，是开展劳动保障法律、法规和政策宣传的合适人员。同时，企业是劳动争议的发源地，企业劳动争议调解委员会的宣传教育工作能够有效地预防劳动争议的发生。

（2）对本企业发生的劳动争议进行调解

劳动争议发生后，若双方当事人共同提出调解申请，劳动争议调解委员会应当及时受理，依据法律、法规与相关政策，以客观事实为基础，坚持平等自愿的原则，对劳动争议进行调解，推动纠纷解决的进程。这是企业劳动争议调解委员会最基本、最重要的职责。

（3）监督和解协议、调解协议的履行情况

劳动争议双方当事人和解以后，或者在劳动争议的调解协议达成之后，企业劳动争议调解委员会可以通过回访和后续的跟进了解，检查、督促当事人执行和解协议、调解协议。当发现协议未被及时履行时，可适当采用说服教育的手段，督促双方当事人认真履行和解协议、调解协议。

（4）聘任、解聘和管理调解员

劳动争议调解组织的调解员应当由公道正派、联系群众、热心调解工作，并具有一定法律知识、政策水平和文化水平的成年公民担任。企业劳动争议调解委员会应负责对调解员进行甄选，聘任合格的调解员，并对在岗的调解员加强业务培训，提高其调解水平。

（5）协助企业建立劳动争议的预防预警机制

企业劳动争议调解委员会要在日常工作中积极宣传各项劳动法律、法规和相关政策，注重劳动法制观念的渗透，使企业和职工明确自己在劳动问题上享有的权利和应承担的义务。同时，还应注重观察，及时了解企业内劳动关系运行过程中出现的新问题、新情况，并采取相应措施，有针对性地加强政策法律教育，做好有关的咨询工作和说服劝导工作，防止矛盾进一步扩大，以避免和减少劳动纠纷的发生。还要能够从宏观、长远的角度把握企业劳动关系的运行状况及有关劳动争议的特点，及时总结经验，并将这些认识与相应采取的措施同企业劳动关系管理实践相结合，协助企业完善各项规章制度，减少劳动争议的发生。

（二）依法设立的基层人民调解组织

1. 我国法律对于设置基层人民调解组织的要求

根据我国相关法律、法规的规定，居民委员会、村民委员会下设的人民调解委员会是依法设立的基层人民调解组织。

2011 年 1 月 1 日起施行的《人民调解法》是我国第一部专门、系统、完备地规范人民调解的法律，全面确立了人民调解制度，在我国人民调解制度和人民调解事业发展史上具有里程碑的意义，为人民调解工作的发展带来了新的契机。我国人民调解委员会主要设立在下列部门或单位组织：①农村村民委员会、城市（社区）居民委员会；②乡镇、街道；③企事业单位；④行业性组织。其中，第一种是传统的、基本的、狭义的人民调解组织，其他则是广义的人民调解组织。当前，由于纠纷诉讼外解决的社会需求以及各级政府的重视，人民调解组织在社会矛盾平息、纠纷化解中发挥的积极作用日益凸显，也因此逐渐发展壮大。

2. 基层人民调解组织的职责

（1）调解民间纠纷，借助规劝疏导等方式促使当事人互谅互让，防止矛盾激化。

（2）宣传法律、法规、规章和相关政策，教育公民遵纪守法，遵守社会公德，预防和减少民间纠纷发生，维护社会安定团结。

（3）向村民委员会、居民委员会、所在单位和基层人民政府反映民间纠纷和调解工作的情况。

（三）在乡镇、街道设立的具有劳动争议调解职能的组织

1. 我国法律有关乡镇、街道设立具有劳动争议调解职能的组织的规定

《劳动争议调解仲裁法》规定可以在乡镇、街道设立具有劳动争议调解职能的组织。其目的在于赋予这些调解组织应有的法律地位，明确其基本职责，推动劳动关系领域的矛盾纠纷在基层即得到化解，从而最大限度地减少维权成本，进而促进经济发展，维护社会稳定。乡镇、街道设立的具有劳动争议调解职能的组织主要包括在小型非公有制企业和非正规就业人员比较集中，劳动

争议多发的区、县、乡镇、街道、开发区、社区及行业设立的区域性、行业性劳动争议调解组织。近年来，我国在乡镇、街道设立的劳动争议调解组织得到了很大发展。2009 年人力资源社会保障部联合多部门发布的《关于加强劳动人事争议调解工作的意见》进一步明确指出，"要在个体经济、私营经济比较集中的地区，在地方党委、政府的统一领导下，大力推动乡镇、街道劳动保障服务所（站）和工会、企业代表组织设立的劳动争议调解组织建设，不断完善工作机制，落实工作经费，将调解职能向企业比较集中的村和社区延伸"，从而为该类组织的发展提供了更为有力的指导与支持。

2. 乡镇、街道设立的具有劳动争议调解职能的组织的职责

（1）指导、监督所辖区域内企业劳动争议调解委员会的工作

这一职责包括对企业劳动争议调解委员会的劳动法律法规和政策的指导、工作方法的指导、对具体劳动争议调解的指导以及对劳动争议预防工作的指导。注重提高企业劳动争议调解委员会工作人员的法律素养、政策水平以及实际业务工作能力，引导企业劳动争议调解委员会将预防劳动争议的工作放在重要的位置，帮助企业劳动争议调解委员会解决在实践中遇到的困难。

（2）调解所辖区域内未建立企业劳动争议调解委员会的企业的劳动争议

伴随着经济的发展，全国各地的非公有制企业不断增多。在这些企业中，很多外商投资企业、私营企业等都尚未建立内部的劳动争议调解委员会。与此同时，这些企业在员工规模不断扩张的过程中面临着劳动纠纷也日渐增多的态势。因此预防和调解这一类劳动争议有着十分迫切的需要。在乡镇、街道设立的具有劳动争议调解职能的组织应积极调解这些企业的劳动争议，注意总结该类企业劳动争议发生的规律，研究预防政策，把争议解决在萌芽状态。除此之外，还应采取措施帮助企业尽快建立劳动争议调解委员会，以协调和稳定劳动关系，最大限度地防止劳动争议的发生。

(3) 配合上级工会和劳动争议仲裁委员会的工作

其具体内容主要包括：及时向本区域内劳动争议调解委员会传达上级工会的指导意见；如实向上级工会反映本区域内企业劳动关系状况、劳动争议情况和劳动争议调解工作的情况；推动上级工会指导意见在所辖范围内的落实等。

3. 乡镇、街道设立的具有劳动争议调解职能的组织调解作用的发挥

随着社会与经济的发展，劳动关系领域的矛盾纠纷呈现出新的特点，劳动争议案件不断增多。一些地区为适应劳动争议案件发生的新形势，及时解决事关群众切身利益的基层劳动争议，开始探索争议解决的新途径，并做出了一些有益的尝试。这些在乡镇、街道设立的不同类型的调解组织依托各自的独特优势，从不同角度扩展了地方劳动争议调解职能的发挥，成为劳动争议调解组织的重要组成部分。当前我国以《劳动争议调解仲裁法》为主的劳动争议调解法律法规及政策体系肯定这些符合发展需要的区域性调解组织，并鼓励现行的区域性调解组织在处理劳动争议方面加强调解职能的发挥，不断丰富、完善工作内容，以求在实践中发挥最大效用。

根据相关法律法规及指导意见的要求，我国在乡镇、街道设立的劳动争议调解组织主要包括以下五种模式：

(1) 依托于乡镇、街道的劳动就业社会保障公共服务平台设立的调解组织。

(2) 依托于地方工会设立的调解组织。

(3) 依托于地方企业代表组织设立的调解组织。

(4) 由地方司法部门设立的调解组织。

(5) 由地方党委、政府主导，人力资源和社会保障有关部门设立的调解组织。

技能要求

一、劳动争议当事人申请调解

根据《劳动争议调解仲裁法》的规定，当事人申请劳动争议调解本着自愿的原则，可以书面申请，也可以口头申请。口头申请的，调解组织应当当场记录申请人基本情况，以及申请调解的争议事项、理由和时间。

《企业劳动争议协商调解规定》第二十一条也规定："发生劳动争议，当事人可以口头或者书面形式向调解委员会提出调解申请。申请内容应当包括申请人基本情况、调解请求、事实与理由。口头申请的，调解委员会应当当场记录。"

通常情况下，当事人可以通过填写"劳动争议调解申请书"来提出调解申请并表达自己的利益诉求。如果当事人没有提出调解申请，则视为未申请调解。但是本着把矛盾化解在基层的出发点，《企业劳动争议协商调解规定》第二十三条规定："发生劳动争议，当事人没有提出调解申请，调解委员会可以在征得双方当事人同意后主动调解。"特别要注意的是，这种所谓的"主动"，也应当在征得双方当事人同意后才进行，而不是强制调解。

此外，还应注意，《劳动争议调解仲裁法》第七条规定："发生劳动争议的劳动者一方在十人以上，并有共同请求的，可以推举代表参加调解、仲裁或者诉讼活动。"

案例 1

制作劳动争议调解申请书

【背景】谢某是某化工厂机修车间工人。某日，由于生产设备发生故障，需要抢修。于是车间全体职工停产抢修，所有的职工都需加班。谢某提出家离工厂太远，小孩需要照顾，故不能加班。同时，谢某认为，加班加点应征得职工本人同意，所以不愿加班不领加班费是可以的。厂方则认为，由于谢某的岗位职责与抢修有关，故不参加加班将影响整个抢修进度。最终谢某坚持不加班。经研究厂方给予谢某扣发半年奖金并给予警告处分的处罚。谢某对此不服。

经调查，谢某在厂里表现较差，一贯不服从领导，多次顶撞车间主任。车间主任多次要求厂里将谢某调离本车间，但由于谢某具有一定的技术水平，故一直未调整。在此次生产设备故障事件中，谢某提出按国家有关规定，加班需征得本人同意。而厂方认为，谢某家距厂仅有自行车 25 分钟的车程，且小孩已满 14 岁，所以谢某的理由并不充分。而谢某所提的加班加点必须征得职工同意没有法律依据。当时厂方对谢某进行了解释和劝说，谢某置之不理，第二天谢某托人交上一张事假条就休息了三天。厂方无奈便未安排谢某加班。鉴于谢某拒不服从企业的工作安排，使企业生产受到了影响，给企业造成了一定的损失，因此为严肃劳动纪律，经研究决定给予谢某以警告处分并扣发其半年的奖金。

【任务】以谢某的名义起草一份劳动争议调解申请书。

【方案】

劳动争议调解申请书

申请方：谢某（某化工厂机修车间工人）

被申请方：某化工厂（地址：某市长虹路甲一号）

法定代表人：闫某（厂长）

委托代理人：李某（某化工厂人力资源部经理）

因被申请方扣发我奖金及处分一事，与被申请方产生争议，特申请调解。

调解请求：

1. 被申请方补发我被扣发的半年奖金 1 800 元；

2. 撤销对我的警告处分。

事实与理由：

××××年×月×日，某化工厂要求全体职工加班，我由于家住得较远，孩子又小，因此，没有同意单位的加班要求，厂方遂扣发了我半年的奖金，并给予了警告处分。本人认为，按《劳动法》的规定，加班加点应征得职工本人的同意，本人有特殊情况，不能加班，单位不能强迫职工加班，更不能以不加班作为处分和扣发奖金的依据。

为此，特向某化工厂劳动争议调解委员会申请调解，请依法调解。

申请人：谢某

××××年×月×日

资料来源：刘兰，唐镳．劳动争议处理［M］．2版．大连：东北财经大学出版社，2020.

二、劳动争议调解组织受理调解

我国《劳动争议调解仲裁法》规定的常见的劳动争议调解组织有三类：企业劳动争议调解委员会、依法设立的基层人民调解组织和在乡镇、街道设立的具有劳动争议调解职能的组织。下面以企业劳动争议调解委员会为例说明其受理调解的程序。

申请人以书面或口头形式向企业劳动争议调解委员会提出申请后，调解委员会应当依法进行审查，根据不同情况分别做出决定。《企业劳动争议协商调解规定》第二十二条规定："调解委员会接到调解申请后，对属于劳动争议受理范围且双方当事人同意调解的，应当在3个工作日内受理。对不属于劳动争议受理范围或者一方当事人不同意调解的，应当做好记录，并书面通知申请人。"

调解委员会审查，主要应从以下几个方面着手：

1. 审查申请调解的争议是否属于劳动争议，当事人是否是向对应的调解委员会提出申请。

2. 审查调解申请人是否合格，即必须是与劳动争议有直接利害关系的当事人。

3. 审查申请调解的劳动争议是否符合该调解委员会接受申请

的范围和条件。

4. 审查是否有明确的被申请人以及具体的调解请求和理由。

5. 审查申请调解的劳动争议是否已经过仲裁裁决或法院判决，对未经过仲裁裁决或法院判决的，需征询对方当事人的意见，对方当事人不愿调解的，应做好记录，并通知申请人。对已经过仲裁裁决或法院判决的，调解委员会不应受理，应当告知当事人按照申诉办理。

调解委员会应在规定时间内做出受理或不受理申请的决定。对不受理的案件，调解委员会应向申请人说明理由。

三、调解前的准备工作

调解委员会对决定受理的申请，应及时指派调解员对该劳动争议事项进行全面调查核实，调查应做好笔录，并由调解员签名或盖章。调解前的准备工作主要包括：了解与争议有关的劳动法律、法规、规章及政策，劳动者与用人单位签订的劳动合同，以及用人单位相关的规章制度；弄清争议的基本事实，即劳动争议产生的原因、发展过程、主要的利益矛盾等；对调查中得到的材料进行综合分析研究，并结合劳动法律、法规的有关规定和劳动合同的约定，判断其中的是非曲直，确定双方当事人各自承担的责任，拟定调解方案和调解意见；召开调解委员会会议，通报调查情况，讨论确定调解方案，在公平公正的基础上确定调解意见；与劳动争议当事人谈话，进行有关劳动法律、法规及政策的教育，通过有针对性的说服劝导，开展耐心细致的思想工作，为调解奠定良好的思想基础。

案例 2

调解案件的准备工作

【背景】针对案例 1 的情况，企业劳动争议调解委员会开始着手调解工作。

【任务】为企业劳动争议调解委员会拟定一个准备工作的清单。

【方案】

调解案件准备工作清单

1. 对申请手续和申请书的内容进行审查。

2. 通知被申请人，征询被申请人的意见。如果被申请人不同意对该纠纷进行调解，可以告知申请人用其他方式解决纠纷。

3. 调查和收集证据，包括谢某家离工厂的距离、谢某孩子的年龄、厂方做出处理决定的依据（厂方的规章制度）、厂方安排职工加班的理由及程序。

针对上述调查内容要事先拟定一个调查提纲，列出调查的主要问题及具体的调查时间和方法。调查的材料要制作笔录。

第三节　劳动争议的仲裁和诉讼

第一单元　劳动争议仲裁

知识要求

一、劳动争议仲裁的概念

仲裁，从字面上解释，“仲”意为居于中间，即立足于纠纷当事人之间的人；“裁”意为判断和认定，即对纠纷的事实和当事人的责任进行认定和裁决。因此，仲裁是指公认的权威机构依据法律规定和当事人的申请，对双方的争议事项做出裁决的过程和活动。

劳动争议仲裁是仲裁的一种，其仲裁的对象是当事人之间的劳动纠纷。对于劳动争议仲裁的概念，理论界主要有以下几种说法：一是劳动争议仲裁是指劳动争议当事人自愿把劳动争议提交给第三者处理，由其就劳动争议的事实和责任做出对双方当事人具有约束力的判断和裁决。二是劳动争议仲裁是指法律授权的专门机构，依法按照法律、法规的规定和劳动争议当事人的申请，以第三者的身份，对争议事项居中调解并做出判断和裁决的法律活动。三是劳动争议仲裁制度是指依照国家劳动法律、法规规定成立的劳动争议仲裁委员会作为第三者，遵循法律规定的原则和程序，对劳动关系双方发生的劳动争议进行调解和裁决的一项劳动法律制度。

理解劳动争议仲裁的概念，需要把握以下几点：①仲裁的对象是劳动纠纷。纠纷的种类有很多，如民事纠纷、行政纠纷、劳动纠纷等，其中只有劳动纠纷才属于劳动争议仲裁的受案范围。②仲裁机构具有权威性和公正性。“仲裁”意即“居中公断”，这就要求仲裁机构具有一定的权威性，并保证裁决的公正性。一般而言，劳动争议仲裁机构都是由国家法律授权的专门机构。③自愿申请。劳动争议仲裁是事后监督，不告不究，因此劳动争议当事人应当以书面或口头形式向劳动争议仲裁机构提出仲裁申请，仲裁程序才开始启动。④判决结果具有法律约束力。劳动争议仲裁调解书和裁决书的内容对劳动争议当事人履行义务、承担责任具有约束力，由法院按照一定程序保障其实施。

劳动争议仲裁包括两种形式，即仲裁调解和仲裁裁决。仲裁调解是指在仲裁员的主持下，双方当事人自愿协商、互让互谅，达成协议解决争议的方式。仲裁裁决是指在仲裁调解不成的情况下，由仲裁员对案件做出具有法律约束力的裁决的方式。

二、劳动争议仲裁机构

（一）劳动争议仲裁委员会的设立

劳动争议仲裁委员会是指依法设立，依法独立地对劳动争议案件进行仲裁的专门机构。《劳动争议调解仲裁法》第十七条规定：“劳动争议仲裁委员会按照统筹规划、合理布局和适应实际需要的原则设立。省、自治区人民政府可以决定在市、县设立；直辖市人民政府可以决定在区、县设立。直辖市、设区的市也可以设立一个或者若干个劳动争议仲裁委员会。劳动争议仲裁委员会不按行政区划层层设立。”

由于我国幅员辽阔，经济发展不平衡，东部、南部省市经济比较发达，劳动争议相对较多，争议当事人相对集中，而中西部地区的劳动争议相对较少。因此，在劳动争议仲裁委员会的设立上，允许各省级人民政府根据本地区劳动争议处理工作的实际需要，统筹安排、合理布局本辖区内的劳动争议仲裁委员会。

（二）劳动争议仲裁委员会的组成

《劳动争议调解仲裁法》第十九条第一款规定：“劳动争议仲裁委员会由劳动行政部门代表、工会代表和企业方面代表组成。劳动争议仲裁委员会组成人员应当是单数。”在实践中，为了保证劳动争议仲裁过程的公平和公正，劳动争议仲裁委员会主要由三方组成，即人力资源和社会保障部门代表、同级工会代表以及企业方面的代表，这种组成形式体现了劳动关系的三方协商机制。

1. 人力资源和社会保障部门代表

人力资源和社会保障部门主管劳动和社会保障事务，在把握劳动关系的全局、协调各方利益方面具有很强的优势。以法律的形式规定其作为劳动争议仲裁委员会的一方代表，体现了政府在处理劳企纠纷中的主导作用。

2. 工会代表

在我国，工会是职工自愿结合的工人阶级群众组织，它的性质决定了它更了解企业、职工的情况和需求，能更好地代表全体职工的根本利益。因此，工会的参与有利于保护劳动者一方的合法权益。在国家层面，三方协商机制中的工会代表为中华全国总工会。

3. 企业方面的代表

企业方面的代表即企业代表组织，在我国主要是指各种形式的企业联合组织，其中主要是中国企业联合会。企业方面代表的参与，有利于各方对相关法律、法规充分理解和对当事人的调解。

《劳动人事争议仲裁组织规则》第五条规定：“仲裁委员会由干部主管部门代表、人力资源社会保障等相关行政部门代表、军队文职人员工作管理部门代表、工会代表和用人单位方面代表等组成。”这个规定虽然对仲裁委员会的具体组成单位范围进行了扩大，但仍然体现了仲裁委员会的三方协商机制。

（三）劳动争议仲裁委员会的职责

劳动争议仲裁委员会的基本职责就是处理本辖区内的劳动争议案件，其裁决劳动争议案件实行仲裁庭制。根据《劳动争议调解仲裁法》第十九条第二款的规定，我国劳动争议仲裁委员会主要有以下四个方面的职责。

1. 聘任、解聘专职或者兼职仲裁员

劳动争议仲裁委员会可以聘任符合法定任职条件的人员为专职或者兼职仲裁员，负责具体劳动争议的仲裁。

《劳动争议调解仲裁法》第二十条第二款规定：“仲裁员应当公道正派并符合下列条件之一：（一）曾任审判员的；（二）从事法律研究、教学工作并具有中级以上职称的；（三）具有法律知识、从事人力资源管理或者工会等专业工作满五年的；（四）律师执业满三年的。”《劳动人事争议仲裁组织规则》第十九条规定：“仲裁委员会应当依法聘任一定数量的专职仲裁员，也可以根据办案工作需要，依法从干部主管部门、人力资源社会保障行政部门、军队文职人员工作管理部门、工会、企业组织等相关机构的人员以及专家学者、律师中聘任兼职仲裁员。”

2. 受理劳动争议案件

受理劳动争议案件是劳动争议仲裁委员必须履行的法定职责。在受理劳动争议案件中，劳动争议仲裁委员会需要审查是否存在劳动争议、争议当事人是否具备主体资格、争议是否已过仲裁时效等。《劳动争议调解仲裁法》规定，在收到仲裁申请之日起5日内，劳动争议仲裁委员会审核认为符合受理条件的，应当受理，并通知申请人；认为不符合受理条件的，应当书面通知申请人不予受理，并说明理由。

3. 讨论重大或者疑难的劳动争议案件

劳动争议仲裁委员会在履行仲裁庭职责的同时，还需要负责讨论仲裁庭提交的少数重大、疑难案件的处理问题。所谓重大案件，是指案情复杂、涉及范围广、争议标的金额较大，案发后案件处理结果影响较大的案件。所谓疑难案件，是指案件的处理依据不明确、法律适用问题存在争议的案件。这两类案件都需要由劳动争议仲裁委员会负责讨论。

4. 对仲裁活动进行监督

我国对民商事仲裁活动和仲裁裁决的监督，除人民法院在执行程序上进行制约以外，主要实行仲裁系统内部监督制度。劳动争议仲裁委员会对决定重新审理的争议案件，有责任做出终止原裁决执行的仲裁决定。此外，劳动争议仲裁委员会主任若发现本委员会已经生效的裁决确有错误的、需要复议的，有责任提交劳动争议仲裁委员会讨论，劳动争议仲裁委员会正、副主任有权决定是否复议。

三、劳动争议仲裁申请时效

根据《劳动争议调解仲裁法》的规定，劳动争议申请仲裁的时效期间为一年。仲裁时效期间从当事人知道或者应当知道其权利被侵害之日起计算。劳动关系存续期间因拖欠劳动报酬发生争议的，劳动者申请仲裁不受仲裁时效期间的限制。但是，劳动关系终止的，当事人应当自劳动关系终止之日起一年内提出仲裁申请。

如果一方当事人向对方当事人主张权利，或者向有关部门请求权利救济，或者对方当事人同意履行义务，那么仲裁时效中断，从中断时起，仲裁时效期间重新计算。导致仲裁时效中断的情形包括：①一方当事人通过协商、申请调解等方式向对方当事人主张权利的；②一方当事人向有关部门投诉；③一方当事人向仲裁委员会申请仲裁；④一方当事人向人民法院起诉；⑤一方当事人向人民法院申请支付令；⑥对方当事人同意履行义务；⑦法律规定导致仲裁时效中断的其他情形。

因不可抗力或者有其他正当理由的，当事人不能在规定的仲裁时效期间申请仲裁的，仲裁时效中止。从中止时效的原因消除之日起，仲裁时效期间继续计算。

技能要求

一、劳动争议当事人提出仲裁申请

劳动争议仲裁虽然是一种非司法程序，但和司法程序一样实行“不告不理”原则，即仲裁程序因当事人提出申请而启动。如果没有当事人提出劳动争议仲裁申请，那么劳动争议仲裁委员会是不会主动启动仲裁程序的。

根据《劳动争议调解仲裁法》的规定，申请人申请仲裁应当提交书面仲裁申请，并按照被申请人人数提交副本。

申请书除应写明劳动者的姓名、性别、出生日期、身份证件号码、住所、通信地址和联系电话以及用人单位的名称、住所、通信地址、联系电话和法定代表人或主要负责人的姓名、职务等当事人的基本情况外，还应当有明确具体的仲裁请求及所依据的事实和理由，证据和证据来源，证人姓名和住所。

申请人在提交仲裁申请的同时，还应当提交下列材料：申请人是劳动者的，应提交本人有效身份证明，有委托代理人的，还应提交授权委托书及委托代理人身份证明等；申请人是用人单位的，应提交用人单位营业执照副本以及本单位法定代表人身份证明、授权委托书、委托代理人身份证明等。

另外，在实践中一般还要提交劳动关系证明材料，包括劳动合同、解除或终止劳动合同证明、工资发放证明、社会保险缴费证明、工作证、出入证等，填写送达地址确认书（写明自己接收仲裁法律文书的详细地址、邮政编码和联系电话等）。

案例3

劳动争议仲裁申请书

【背景】于某（女）是某公司财务处的一名会计，与本部门出纳张某（男）素来不和。于某的丈夫认为张某总是欺负于某，决定找个机会“教训”一下张某。由于怕于某阻拦，于某的丈夫特意在她去银行办事的一天下午，来到财务处找到张某，不问青红皂白便给了张某一拳，周围的同事赶紧把他俩拉开。正在此时，于某从银行回来，赶紧把丈夫拉回了家。

第二天，于某一上班就收到一份通知，被告知由于教唆家属到公司殴打同事，严重违反劳动纪律，公司决定解除于某的劳动合同，并让她立即办理工作交接手续。于某不服，她认为丈夫来单位打人自己并不知情，更谈不上教唆，况且自己在事发时及时制止了丈夫的行为。并且于某认为，自己可以就打人一事向张某道歉，公司解除劳动合同的处理太过严重。

【任务】于某拟向劳动争议仲裁委员会申请仲裁，请帮她写一份“劳动争议仲裁申请书”。

【方案】

劳动争议仲裁申请书

申请人				被申请人			
姓名或单位名称	于某			姓名或单位名称	某公司		
单位性质	—			单位性质	私营企业		
法定代表人姓名	—	职务	—	法定代表人姓名	×××	职务	总经理
性别	女			性别	男		
出生日期	××××年××月××日			出生日期	××××年××月××日		
身份证号码	××××××××			身份证号码	××××××××		
民族或国籍	汉族			民族或国籍	汉族		
工作单位	某公司			工作单位	—		
地址	××市西城区展览路9号			地址	××市朝阳区南大街88号		
电话	××××××××			电话	××××××××		
邮编	××××××			邮编	××××××		

请求事项：

撤销对申请人解除劳动合同的决定。

事实和理由：

本人是某公司财务处的一名会计，与本部门的出纳张某有些私人恩怨，但本人从未因此影响工作。××××年××月××日，本人家属趁本人不在公司时，到公司对张某做出了一些不理智的举动。事发时，本人立即劝走了家属，并向张某道歉。

公司认为是本人教唆家属来公司闹事，对此结论本人不认可，家属来公司本人确不知情，谈不上教唆。公司以本人严重违反劳动纪律为由解除本人劳动合同缺乏依据，本人不服，特申请仲裁。

此致

×××劳动争议仲裁委员会

申请人：于某

××××年××月××日

资料来源：刘兰，唐镶. 劳动争议处理 [M]. 2 版. 大连：东北财经大学出版社，2020.

二、劳动争议仲裁委员会受理劳动争议

劳动争议仲裁委员会在立案时，只就申请人是否是本案当事人、所申请内容是否属于劳动争议仲裁的受理范围、是否属于该劳动争议仲裁委员会管辖等问题进行初步审查。至于申请人的请求是否符合法律的要求、是否有相应的事实依据，是在后面的仲裁审理活动中要解决的问题。申请人所提交的“劳动争议仲裁申请书”中所写的内容未必一定就是劳动争议仲裁委员会最终认定的结果。

劳动争议仲裁委员会收到仲裁申请之日起 5 日内，认为符合受理条件的，应当受理，并通知申请人；认为不符合受理条件的，应当书面通知申请人不予受理，并说明理由。对劳动争议仲裁委员会不予受理或者逾期未做出决定的，申请人可以就该劳动争议事项向人民法院提起诉讼。

劳动争议仲裁委员会受理仲裁申请后，应当在 5 日内将仲裁申请书副本送达被申请人。

案例 4

仲裁案件的受理

【背景】

根据案例 3 的背景资料，劳动争议仲裁委员会受理了申请人于某的申请。

【任务】

劳动争议仲裁委员会决定将此案立案，并制作“受理案件通知书”送达申请人，制作“立案通知书”送达被申请人。

【方案】

1. “受理案件通知书”参考格式

×××劳动争议仲裁委员会

受理案件通知书

×劳仲案字［　］第　　号

____________：

本委员会已经接到你（单位）申请仲裁的申请书，经审查符合规定的受理条件，本委员会决定立案审理。现将有关事项通知如下：

一、自收到本通知书之日起十日内，劳动者应提交身份证件复印件（A4 纸），用人单位应提交营业执照副本复印件（A4 纸）并填写“法定代表人身份证明书”。

二、如需委托代理人代理参加仲裁活动，一经确定具体人选，即应填写“授权委托书”并提交文本。

三、本委员会决定此案由仲裁员________承办，仲裁员的联系电话是________。如要求回避，当事人请向本委员会提出回避申请。

____年____月____日

（盖章）

2. “立案通知书”参考格式

×××劳动争议仲裁委员会

立案通知书

×劳仲案字［ ］第 号

____________：

本委员会已受理____________申请仲裁你（单位）劳动争议案，现将仲裁申请书副本送交你（单位），并将有关事项通知如下：

一、请你（单位）自收到仲裁申请书副本之日起十日内向本委员会提交答辩书两份（使用A4纸，并签名或盖章）。

二、自收到本通知书之日起十日内，劳动者应提交身份证件复印件（A4纸），用人单位应提交营业执照副本复印件（A4纸）并填写“法定代表人身份证明书”。

三、如需委托代理人代理参加仲裁活动，一经确定具体人选，即应填写“授权委托书”并提交文本。

四、本委员会决定此案由仲裁员________承办，仲裁员的联系电话是________。如要求回避，当事人请向本委员会提出回避申请。

五、如对本案管辖持有异议，请自收到本通知书之日起十日内向本委员会书面提出并提供相关依据原件。

____年____月____日

（盖章）

三、被申请人提出答辩意见

被申请人收到仲裁申请书副本后，应当在10日内向劳动争议仲裁委员会提交答辩书。劳动争议仲裁委员会收到答辩书后，应当在5日内将答辩书副本送达申请人。被申请人逾期未提交答辩书的，不影响仲裁程序的进行。

案例 5

劳动争议仲裁案件的答辩

【背景】

案例 3 中的被申请人某公司收到了仲裁申请书副本。

【任务】

以被申请人的名义制作“劳动争议仲裁答辩书”，提交给劳动争议仲裁委员会。

【方案】

劳动争议仲裁答辩书

答辩人：某公司

答辩请求：驳回申请人的请求，维持公司解除劳动合同的决定。

事实和理由：

申请人于某在工作中没有正确处理同事间的矛盾，反而教唆家属到公司来殴打同事，造成很坏的影响。此行为已经严重违反了我公司的劳动纪律，我公司做出解除劳动合同的处理决定并无不当。理由如下：

1. 本案中，殴打张某虽非于某本人所为，但其家属来单位殴打张某，如非于某指使，家属怎会擅自前往，所以于某对此事件有着不可推卸的责任。

2. 于某家属的不理智行为，扰乱了我公司正常的办公秩序，在员工中也造成了很坏的影响。于某的行为已经严重违反了我公司的劳动纪律，我公司与其解除劳动合同既有事实上的依据，也有制度上的依据。

综上所述，申请劳动争议仲裁委员会驳回申请人于某的请求，维持我公司与其解除劳动合同的决定。

此致

×××劳动争议仲裁委员会

答辩人：某公司（盖章）

××××年××月××日

资料来源：刘兰，唐镶．劳动争议处理［M］．2版．大连：东北财经大学出版社，2020.

对于被申请人而言，答辩是其权利而不是义务，即被申请人可以放弃答辩的权利。被申请人没有在规定的时限内提交答辩书，不影响劳动争议仲裁案件的审理。

四、仲裁申请和受理环节涉及的其他法律文书

（一）法定代表人身份证明书

在劳动争议仲裁的申请和受理环节中，当事人一方是用人单位的，需要填写“法定代表人身份证明书”。

法定代表人是指依照法律或者法人组织章程的规定，代表法人行使职权的负责人。法定代表人可以直接代表法人对外签订合同，参加仲裁或者诉讼活动，以及参与处理其他法律事务。法定代表人在自身的权限范围内所进行的一切活动，其法律后果由法人承担。法定代表人可以亲自参加仲裁活动，也可以授权他人参加仲裁活动。因此，在劳动争议仲裁活动中，明确法定代表人的身份非常重要。

（二）授权委托书

根据法律的规定，劳动争议仲裁案件的当事人有权委托他人参加劳动争议仲裁活动。委托他人参加劳动争议仲裁活动的，必须填写、提交“授权委托书”。

委托代理制度是劳动争议仲裁中普遍运用的代理制度。在实践中，劳动争议的当事人由于某些原因不能亲自参加仲裁活动或不便亲自参加仲裁活动，或者因缺乏劳动法律知识或仲裁经验而需要在仲裁中获得法律帮助，可以委托他人代理参加仲裁活动。

委托代理是根据代理人和被代理人之间的合同成立的代理，

受当事人委托代为进行仲裁活动的人，就是委托代理人。当事人在签发授权委托书前，应当就委托代理事项和代理权限同委托代理人达成协议。

委托代理的权限和事项一般由委托人自行决定，委托代理人必须在委托人的授权范围内从事代理活动，委托代理人须以委托人的名义从事仲裁活动，而仲裁活动的后果则由委托人承担。委托代理人从事仲裁活动不得超越授权委托书中约定的授权范围，超越授权范围从事代理活动的，委托代理人应当向委托人一方承担法律责任。

第二单元　劳动争议诉讼

知识要求

一、劳动争议诉讼的概念

劳动争议诉讼是劳动争议当事人就争议事项向法院起诉，法院依据相关的法律、法规对争议进行审理并做出判决的司法解决方式。劳动争议诉讼程序的作用是确保当事人获得司法救济、保障当事人的权利，以及对争议仲裁裁决进行一定的监督和审查，保障裁决书、调解书的执行。

我国现行的劳动争议处理体制可以概括为“协商、调解、一裁、两审”。《劳动争议调解仲裁法》第五条规定：“发生劳动争议，当事人不愿协商、协商不成或者达成和解协议后不履行的，可以向调解组织申请调解；不愿调解、调解不成或者达成调解协议后不履行的，可以向劳动争议仲裁委员会申请仲裁；对仲裁裁决不服的，除本法另有规定的外，可以向人民法院提起诉讼。”可见，劳动争议仲裁是争议诉讼的强制前置程序，劳动争议诉讼是解决争议的最终方式。

二、法院受理劳动争议诉讼案件的条件

（一）起诉人必须是劳动争议当事人，并有明确被告

简单来说，劳动争议的诉讼当事人就是劳动者和用人单位，不服仲裁裁决的劳动者和用人单位只能以仲裁阶段的对方当事人为被告向法院起诉，而不能以劳动争议仲裁委员会为被告人。

确定劳动争议诉讼当事人的具体情形包括：①劳动者和用人单位均不服劳动争议仲裁委员会的同一裁决，向同一人民法院起诉的，人民法院应当并案审理，双方当事人互为原告和被告。在诉讼过程中，一方当事人撤诉的，人民法院应当根据另一方当事人的诉讼请求继续审理。②劳动者与起有字号的个体工商户产生的劳动争议诉讼，人民法院应当以营业执照上登记的字号为当事人，但应同时注明该字号业主的自然情况。③劳动者因履行劳务派遣合同产生劳动争议而起诉，以派遣单位为被告。争议内容涉及用工单位的，以派遣单位和用工单位为共同被告。④用人单位与其他单位合并的，合并前发生的劳动争议，由合并后的单位为当事人。用人单位分立为若干单位的，其分立前发生的劳动争议，由分立后的实际用人单位为当事人。用人单位分立为若干单位后，对承受劳动权利义务的单位不明确的，分立后的单位均为当事人。⑤用人单位招用尚未解除劳动合同的劳动者，原用人单位与劳动者发生的劳动争议，可以列新的用人单位为第三人。原用人单位以新的用人单位侵权为由向人民法院起诉的，可以列劳动者为第三人。原用人单位以新的用人单位和劳动者共同侵权为由向人民法院起诉的，新的用人单位和劳动者列为共同被告。⑥劳动者在用人单位与其他平等主体之间的承包经营期间，与发包方和承包方双方或者一方发生劳动争议，依法向人民法院起诉的，应当将承包方和发包方作为当事人。

（二）案件必须已经过仲裁程序

我国现行的“一裁两审”机制将仲裁前置，即劳动争议案件经过仲裁审理后，当事人不服裁决，才能向法院起诉，法院依法受理后，才真正进入诉讼程序。尽管仲裁前置存在一些弊端，但由于劳动争议仲裁委员会作为劳动争议案件的纠纷处理前沿机构，具有专业性、便捷性的特点，在双方当事人第一次对簿公堂的时候化解纠纷，避免了劳动关系矛盾长期存在而致突出尖锐的倾向，因此仲裁前置在劳动争议处理机制中占有重要地位。

仲裁程序与诉讼程序具有同等重要的作用，仲裁与诉讼两者协同联动运行才能构建高质量、高效率的劳动争议处理机制。

（三）必须在法律规定的时限内

劳动争议当事人对仲裁裁决不服的，有权在收到裁决书之日起 15 日内向法院起诉，超过这个时限，裁决书即发生法律效力，当事人无权再向人民法院起诉。

（四）起诉必须向有管辖权的法院提出

劳动争议诉讼管辖是指法院受理第一审劳动争议案件的分工和权限。

最高人民法院规定的我国现行劳动争议诉讼的管辖规则是：在级别管辖上，均由基层人民法院管辖；在地域管辖上，由用人单位所在地或者劳动合同履行地人民法院管辖，劳动合同履行地不明确的，由用人单位所在地人民法院管辖。

在实践中各地做法不一，特别是在级别管辖问题上，许多地区都采用了区分级别管辖的做法，即县（区）级以下（含县区级）的用人单位及其他用人单位与劳动者之间发生的劳动争议案件由被告所在地基层人民法院管辖；市（地区）级以上的用人单位与劳动者之间发生的劳动争议案件由被告所在地中级人民法院管辖。

三、诉讼时效与仲裁时效的衔接

由于在劳动争议处理过程中存在仲裁前置程序，因此，劳动争议诉讼中的诉讼时效是与劳动争议的仲裁时效紧密相关的。当然，由于分属于不同的程序，在诉讼时效与仲裁时效的衔接问题上，还存在一些值得特别注意之处。

（一）劳动争议诉讼时效的原则规定

《最高人民法院关于审理劳动争议案件适用法律若干问题的解释》第三条规定："劳动争议仲裁委员会根据《劳动法》第八十二条之规定，以当事人的仲裁申请超过六十日期限为由，作出不予受理的书面裁决、决定或者通知，当事人不服，依法向人民法院起诉的，人民法院应当受理；对确已超过仲裁申请期限，又无不可抗力或者其他正当理由的，依法驳回其诉讼请求。”此规定确立了劳动争议诉讼时效与仲裁时效一致的原则，当《劳动争议调解仲裁法》规定仲裁时效为一年时，诉讼时效自然也适用一年的规定。

（二）劳动争议诉讼时效的特殊规定

1. 因拖欠劳动报酬发生争议的诉讼时效

根据《劳动争议调解仲裁法》第二十七条的规定，劳动关系存续期间因拖欠劳动报酬发生争议的，劳动者申请仲裁不受“一年”的仲裁时效的限制，但是劳动关系终止的，应当自劳动关系终止之日起一年内提出。

2. 主张未签订书面劳动合同的二倍工资差额的争议

对于未签订书面劳动合同的二倍工资差额的诉讼请求，从字面意义上解释，也属于“劳动报酬”，因此司法实践中有人认为也适用关于拖欠劳动报酬的时效规定。但是，用人单位因未签订书面劳动合同而向劳动者支付二倍的工资，属于对用人单位的惩罚，并非劳动者提供正常劳动后的工资所得，因此主张未签订书面劳动合同的二倍工资差额的争议不属于拖欠劳动报酬的争议，诉讼时效的起算不应当考虑劳动者是否持续提供劳动，而应当按照“从当事人知道或者应当知道其权利被侵害之日起计算”的规定执行，即不能以劳动关系的解除或终止作为计算时效的起点，而应当以未签订书面劳动合同的行为发生的时间作为计算时效的起点。

3. 法院对诉讼时效不能主动审查

《最高人民法院关于审理民事案件适用诉讼时效制度若干问题的规定》第三条规定，当事人未提出诉讼时效抗辩，法院不应对诉讼时效问题进行释明及主动适用诉讼时效的规定进行裁判。也就是说，即使在劳动争议仲裁阶段，存在一方当事人的请求超过仲裁时效的情形，且仲裁机构据此做了相应的处理，也不必然导致该案件的诉讼请求在法院就一定被驳回。法院对于诉讼时效并没有主动审查的权限。只有在案件进入到诉讼程序后，当事人主动提出超过诉讼时效的抗辩事由时，法院才能对诉讼时效进行审查。因此可能出现这样的情形：劳动争议在仲裁阶段，因超过仲裁时效而未获得支持的申请请求，在诉讼过程中，又可能因为对方当事人未提出超过时效的抗辩而获得法院支持。

技能要求

一、劳动争议案件的起诉

起诉是指公民、法人或其他组织认为自己的或依法由自己管理、支配的劳动权益受到侵害或与他人发生争议，以自己的名义请求人民法院行使审判权以保护自己合法权益的诉讼行为。《劳动争议调解仲裁法》规定，当事人对劳动争议案件的仲裁结果不服的，可以自收到仲裁裁决书之日起 15 日内向人民法院提起诉讼。

我国并没有专门的劳动法院，劳动争议诉讼案件通常由人民法院按照《民事诉讼法》的程序处理。因此，原告就劳动争议提起诉讼，应当拟定“民事起诉状”。根据《民事诉讼法》的规定，民事起诉状应当载明的内容包括：①原告的姓名、性别、年龄、民族、职业、工作单位、住所、联系方式，法人或者其他组织的名称、住所和法定代表人或者主要负责人的姓名、职务、联系方式；②被告的姓名、性别、工作单位、住所等信息，法人或者其他组织的名称、住所等信息；③诉讼请求和所根据的事实与理由；④证据和证据来源，证人姓名和住所。

二、劳动争议案件的受理

人民法院对当事人的起诉进行审查后，认为符合起诉条件的，应当受理，并在当事人起诉的 7 日内立案；认为不符合起诉条件的，也应当在 7 日内裁定不予受理。劳动争议当事人不服人民法院做出的不予受理或驳回起诉的裁定的，可以自收到裁决书之日起 10 日内向有管辖权的上一级人民法院提起上诉。

相关法律法规

1.《中华人民共和国劳动争议调解仲裁法》

2.《企业劳动争议协商调解规定》

3.《劳动人事争议仲裁办案规则》

4.《劳动人事争议仲裁组织规则》

5.《最高人民法院关于审理劳动争议案件适用法律若干问题的解释》

6.《最高人民法院关于审理劳动争议案件适用法律若干问题的解释（二）》

7.《最高人民法院关于审理劳动争议案件适用法律若干问题的解释（三）》

8.《最高人民法院关于审理劳动争议案件适用法律若干问题的解释（四）》

复习思考题

1. 简述员工申诉的概念、特征和分类。
2. 简述员工申诉的受理要点。
3. 劳动争议有哪些类型？它们各自有什么特点？
4. 劳动争议有哪些处理方式？它们之间的关系如何？
5. 简述劳动争议协商前的准备工作和协商策略。
6. 简述劳动争议调解组织的类型。
7. 简述劳动争议调解申请和受理阶段的主要事项。
8. 简述劳动争议仲裁申请和受理阶段的主要事项。
9. 仲裁时效和诉讼时效有什么区别和联系？
10. 简述劳动争议诉讼起诉和受理阶段的主要事项。

案例分析题

2018年5月12日，钟某在一家建筑公司的工地粉刷墙面时，因操作失误从脚梯上摔下致伤。他被送往医院治疗后，所有治疗费均由建筑公司垫付。其间，建筑公司多次做钟某的工作，希望双方就赔偿事宜“私了”。钟某同意在自己的伤情基本稳定后协商。2018年8月16日，建筑公司与钟某签订了工伤赔偿协议书，协议的主要内容是：由建筑公司一次性赔付钟某医疗费、误工费、护理费、营养费等共计8.5万元，双方就此事“一次了结，今后无涉”。协议签订后的第2天，建筑公司就将8.5万元赔偿款汇到钟某的银行卡上。2018年10月，经某司法鉴定所鉴定，钟某脊柱损伤为八级伤残、双侧腕部损伤为九级伤残。经法律人士初步计算，钟某依法应得到的赔偿数额约17万元。

由于赔偿数额相差悬殊，钟某要求建筑公司增加赔偿数额，但是建筑公司认为协议已经生效和履行了，不能再反悔。钟某想知道自己是否可以反悔？具体该如何操作？

【律师说法】钟某有权反悔，他可以请求人民法院对赔偿数额予以变更。其理由如下：

虽然建筑公司已与钟某达成了工伤赔偿协议，但该协议系在钟某未就自己的人身损伤进行伤残鉴定前签订的，且钟某属于弱势主体，存在信息不对称的情况。在进行伤残鉴定之前，建筑公司应当承担的赔偿责任范围还处于待定状态。

钟某作为一名普通工人，没有相关专业知识和经验。在签订协议时，对其伤势严重程度缺乏应有认识，难以预见自己的损伤程度及由此可能产生的实际损失数额，对自己的权利内容及状态的认识并不充分。

对于建筑公司来说，签协议时其就钟某的情况是否可能构成伤残以及构成伤残后所能获得的赔偿情况，没有尽到明确说明义务。因此，钟某在签订赔偿协议时存在重大误解。

在钟某的伤情经鉴定分别构成八级、九级伤残后，根据相关法律规定，钟某可获得的工伤赔偿约 17 万元，而建筑公司只实际赔偿 8.5 万元，明显是减轻己方责任、加重了对方损失。因此，该赔偿协议是一份显失公平的协议，不受法律保护。由于该赔偿协议属于重大误解且显失公平，故应予撤销。

《民法典》第一百四十七条规定，基于重大误解实施的民事法律行为，行为人有权请求人民法院或者仲裁机构予以撤销。《民法典》第一百五十二条、第一百五十五条规定，当事人自知道或者应当知道撤销事由之日起一年内、重大误解的当事人自知道或者应当知道撤销事由之日起九十日内没有行使撤销权，撤销权消灭；被撤销的民事法律行为自始没有法律约束力。《最高人民法院关于审理劳动争议案件适用法律若干问题的解释》第二十条第二款规定："对于追索劳动报酬、养老金、医疗费以及工伤保险待遇、经济补偿金、培训费及其他相关费用等案件，给付数额不当的，人民法院可以予以变更。"

根据上述规定，钟某应当自知道 8.5 万元赔偿款无法弥补其损失之日起一年内向人民法院起诉，请求人民法院判决撤销该份赔偿协议，并请求人民法院重新计算其损失。

资料来源：潘家永. 工伤赔偿协议不公平　虽已履行也可反悔 [N]. 劳动午报，2018-11-21 (11).

请思考：通过协商方式处理劳动争议应注意哪些问题？

参考文献

［1］常凯. 劳动关系学［M］. 北京：中国劳动社会保障出版社，2005.

［2］常凯. 劳动法［M］. 北京：高等教育出版社，2011.

［3］程延园. 员工关系管理［M］. 上海：复旦大学出版社，2004.

［4］程延园. 劳动法与劳动争议处理［M］. 北京：中国人民大学出版社，2013.

［5］戴文宪. 怎样召开职工代表大会工会会员代表大会［M］. 北京：红旗出版社，2007.

［6］法律出版社法规中心. 劳动法律纠纷处理依据与解读［M］. 北京：法律出版社，2016.

［7］关怀，林嘉. 劳动法［M］. 5版. 北京：中国人民大学出版社，2016.

［8］国务院法制办公室. 劳动人事法律法规规章司法解释大全［M］. 北京：中国法制出版社，2011.

［9］劳动和社会保障部劳动工资研究所. 中国劳动标准体系研究［M］. 北京：中国劳动社会保障出版社，2003.

［10］姜俊禄. 劳动人事争议典型案例评析：第3辑［M］. 北京：中国劳动社会保障出版社，2017.

［11］廖名宗. 劳动规章制度研究［M］. 北京：法律出版社，2009.

［12］李德齐. 中国劳动关系学院工会干部培训教程［M］. 北京：中国工人出版社，2009.

［13］李新建，孙美佳，等. 员工关系管理［M］. 北京：中国人民大学出版社，2015.

［14］李琪. 产业关系概论［M］. 北京：中国劳动社会保障出版社，2008.

［15］李艳. 员工关系管理实务手册［M］. 2版. 北京：人民邮电出版社，2012.

［16］林嘉. 劳动法和社会保障法［M］. 3版. 北京：中国人民大学出版社，2014.

［17］刘兰，唐鑛. 劳动争议处理［M］. 2版. 大连：东北财经大学出版社，2020.

［18］刘燕斌. 国外集体谈判机制研究［M］. 北京：中国劳动社会保障出版社，2012.

［19］刘元文. 工会工作理论与实践［M］. 北京：中国劳动社会保障出版社，2008.

［20］曲清，欧阳华，颜琴，等. 新编工会干部培训教材［M］. 北京：中央文献出版社，2012.

［21］中华全国总工会组织部，中华全国总工会集体合同部. 全国工会工资集体协商培训教材［M］. 北京：中国工人出版社，2011.

［22］任小平. 会计信息与工资集体协商［M］. 北京：电子工业出版社，2008.

［23］石先广. 劳动合同法下的企业规章制度制定与风险防范［M］. 北京：中国劳动社会保障出版社，2008.

［24］宋湛. 集体协商与集体合同［M］. 北京：中国劳动社会保障出版社，2008.

［25］宋湛，詹婧. 企业员工关系管理文案全程指引［M］. 北京：首都经济贸易大学出版社，2010.

［26］唐鑛. 战略劳动关系管理［M］. 上海：复旦大学出版社，2011.

［27］唐鑛，嵇月婷. 集体协商与集体谈判［M］. 北京：中

国人民大学出版社，2019.

［28］唐鑛，刘兰. 劳动合同管理［M］. 大连：东北财经大学出版社，2015.

［29］唐鑛，汪鑫. 企业劳动关系管理基础［M］. 大连：东北财经大学出版社，2015.

［30］唐鑛，杨振彬. 人力资源与劳动关系管理［M］. 北京：清华大学出版社，2017.

［31］田辉. 员工关系管理［M］. 上海：复旦大学出版社，2015.

［32］王桦宇. 劳动合同法实务操作与案例精解：增订 7 版［M］. 北京：中国法制出版社，2017.

［33］王全兴. 劳动合同法条文精解［M］. 北京：中国法制出版社，2007.

［34］王振麒. 劳动人事争议处理［M］. 上海：复旦大学出版社，2011.

［35］肖胜方. 劳动合同法下的人力资源管理流程再造［M］. 北京：中国法制出版社，2016.

［36］信春鹰. 中华人民共和国劳动争议调解仲裁法释义［M］. 北京：法律出版社，2008.

［37］薛丁齐. 职工代表与职工代表大会操作指南［M］. 北京：中央文献出版社，2012.

［38］杨鼎家. 新编职工民主管理工作培训教程［M］. 北京：中国言实出版社，2011.

［39］杨志明. 劳动关系［M］. 北京：中国劳动社会保障出版社，2012.

［40］张建国，徐微. 集体协商的策略与技巧［M］. 北京：中国友谊出版公司，2016.

［41］张健明，王宇熹，尹乃春. 劳动标准与劳动监察：政策与实务［M］. 北京：北京大学出版社，2008.

［42］郑桥. 劳资谈判［M］. 北京：中国工人出版社，2003.

［43］赵应文. 工资集体协商［M］. 北京：研究出版社，2011.

［44］卡茨，科钱，科尔文. 集体谈判与产业关系概论［M］. 李丽林，吴清军，译. 大连：东北财经大学出版社，2010.

［45］孙瑜香，李天国. 新中国成立 70 年我国劳动人事争议处理制度的演变、成就与经验［J］. 中国劳动，2019（10）：16-31.

［46］张胜辉. 希克斯工资谈判模型对我国工资集体协商的启示［J］. 职大学报，2009（4）：111-113.